KB247395

AI 시대,
나는 무엇으로 빛날까

'나'를 찾아가는 청소년을 위한
진로 내비게이션

AI 시대, 나는 무엇으로 빛날까

최영숙 지음

미디어숲

학생들과 IT 기업을 탐방했습니다. 멋진 강연과 진심 어린 선배들의 조언, 호텔 조식처럼 잘 나오는 기업의 점심 메뉴를 보며 학생들은 점차 취업에 대한 꿈을 키워 나갔습니다. 세상을 보는 시야가 넓어졌고, 사물을 바라보는 해상도는 더욱 선명해졌습니다. 학생들의 관점은 한층 더 업그레이드된 듯했습니다.

그런데 정성스럽게 준비한 행사를 마냥 즐기지 못하는 녀석이 있었습니다.

"오늘 체험이 재미있긴 했는데요. 개발자들이 인공지능을 활용해서 순식간에 코딩을 한다고 하니 걱정도 돼요."

해당 분야에 관해 누구보다 자신감이 넘치던 녀석이 걱정스러운 표정을 지었습니다.

"음, 일단 선생님 같은 사람은 인공지능 비서가 10명이 있어도 개발자는 될 수 없어. 왜냐하면 프로그래밍에 대해 전혀 모르니까. 인공지능 비서를 활용하기 위해서라도 해당 분야에 대한 최소한의 기술적인 이해는 필요하거든. 그 외에 뛰어난 개발자가 되기 위한 역량은 차근차근 쌓아 가면 되는 거고."

이렇게 위로를 해 주었습니다. 그렇다고 해서 불안감이 완전히 사라지지는 않을 테지요.

"프로젝트에서 같은 팀의 친구들은 자기 분량을 다 해냈는데, 저는 감이 안 잡혀요. 이 분야가 저에게 맞는 걸까요?"

팀원들과 보조를 맞추기 어려워 괜히 미안해지고 자존감이 떨어진다는 학생의 불안한 목소리입니다.

“책 많이 읽는다고 성공하는 거 아니잖아요. 왜 선생님은 자꾸 책을 읽으라고 하세요?”

한 권의 책을 정해서 함께 읽어 보기로 했는데, 그냥 엎드려 자던 아이의 불만 가득한 소리입니다. 기술이 빠르게 변하는 세상에서, 인공지능이 인간의 일자리를 대체하여 자신들이 비집고 들어갈 자리가 없는 이 상황에 책이 웬 말이냐는 학생의 하소연입니다.

다들 속도와 방향에 대해 불안해합니다. 그 불안감이 제 귓가에 맴돌고, 그들의 소리는 메아리가 되어 들렸다가 사라지기를 반복합니다.

갑자기 쳐들어온 AI 때문에 우리는 안개 속에 숨어 있는 괴물과 싸우고 있습니다. 괴물은 실체가 없습니다. 눈이 몇 개인지, 뇌는 어떻게 생겼는지, 팔다리가 어디에 붙어 있는지 모릅니다. 상상하는 사람이 알아서 생김새를 그립니다. 괴물은 인간의 일자리를 빼앗기도 하고, 인간의 일을 돕기도 합니다. 누구 편인지 모르겠습니다.

여기서 영화 〈미스트〉가 떠올랐습니다. 안개 뒤의 괴물보다는 오히려 두려움과 싸우고 있는 인간들의 이야기입니다. 한 치 앞을 내다볼 수 없는 인생을 안개에 비유하며, 인간이 느끼는 공포와

절망을 강렬하게 드러냈습니다. 안개 뒤에서 실체를 숨긴 채, 아군인지 적군인지도 모를 AI와 씨름하고 있는 우리가 영화 속 등장인물과 오버랩됩니다. 워낙 충격적인 결말이라 자칫하면 스포일러가 될 수 있어, 영화 소개는 이쯤 하겠습니다.

질문에 척척 답변하고, 그림도 그려 주고, 글도 써 주길래 아군인 줄 알았는데, 생각의 기능을 마비시키고, 없으면 금단 현상이 생길 만큼 의존하게 된다면 더 이상 아군이 아닐지도 모르겠습니다. 강력한 무기를 지닌 AI를 내 편으로 끌어들이기 위해서는 거기에 걸맞은 주도성과 역량을 지니고 있어야 합니다. 걱정만 하고 있기에는 지금 이 순간이 우리에게 너무나 소중하니까요.

"선생님, 역량, 역량 그러던데, 도대체 역량이 뭔가요?"

머리를 긁적이며 한 학생이 묻습니다. 새로운 인재상으로 '역량'이라는 용어가 자주 등장하는데 학생 입장에서는 뭘 어떻게 하라는 건지 막막하답니다.

대학은 학생부 종합 전형의 평가 요소를 '역량'으로 제시하고, 훌륭한 학생을 유치하기 위해 공을 들입니다. 역량은 성적표의 숫자만을 의미하지는 않습니다. 학생의 잠재력입니다. 학생이 속한 환경, 학업 동기, 자기 주도적 활동, 발전 가능성 등을 종합적으로 고려하지요. 대학마다 조금씩 다르지만 학업 역량, 진로 역량, 공동체 역량 등의 용어를 사용합니다.

각 기업도 저마다 추구하는 인재상이 있습니다. 마찬가지로 구직자의 잠재력을 살피기 위해 자기소개서, 압박 면접 등 다양한 장치를 마련해 둡니다. 그리고 역량 검사를 시행합니다. 지원자의 인성, 문제 해결 능력, 직무 적합도 등을 다각도로 평가합니다. 문제는 이런 어휘들이 학생들에게는 잘 와닿지 않고, 무엇을 어떻게 준비해야 할지 깜깜합니다. 학생의 답답함은 이런 식으로 표출됩니다.

"저는 잘하는 것도, 하고 싶은 일도 없어요."
"제 진로를 잘 모르겠어요. 찾아 주세요."

이 말 속에는 다양한 감정과 고민이 담겨 있습니다. 같은 말이지만 생각은 다릅니다. 100명의 학생이 "하고 싶은 일이 없어요."라고 말하지만 그들의 생각을 끄집어내면 100가지의 다른 마음이 숨어 있습니다. 글 속에 비친 뜻은 무기력하고 적성을 찾지 못한 것 같은 느낌이지만 깊이 들어가 보면 저마다의 생각을 가지고 있습니다. 적절한 어휘로 표현하지 못한 것뿐입니다.

우리가 답답한 상황에서 벗어나고 싶을 때 하나의 덩어리처럼 내뱉는 말이 있지요.

"짜증 나."

엄마의 잔소리에, 친구의 빈정대는 말투에, 기대보다 낮은 성적에 모두 '짜증'이라는 한 단어로 표현해 버립니다. 비슷하게 진로 또는 인생 고민에서 이런저런 일로 답답할 때 가장 자주 하는 말은 '하고 싶은 일이 없다'는 것입니다.

- 하고 싶은 일이 있지만 안 될 것 같아 걱정이에요.
- 하고 싶은 일이 너무 많은데 지금 무엇을 해야 할지 모르겠어요.
- 하고 싶은 일도 있고, 지금 무엇을 해야 할지 알겠는데 하기가 싫어요.
- 하고 싶은 일이 있지만 부모님이 반대해요.

그런데 아이들과 이야기를 나누다 보면, 결국 해답은 그들 스스로에게 있다는 사실을 깨닫게 됩니다. 조언을 구하러 저를 찾아왔지만 이미 해답을 지니고 있습니다. 사지선다형을 제시하고 저에게 결정해 달라고 조르기도 하지만 이미 마음속에는 무언가가 들어 있습니다. 그걸 제대로 끄집어내야 합니다.

- 풍성하고, 똑똑한 생기부를 만들 수 있는 능력
- 취업의 첫 번째 관문인 자기소개서에 '자기'를 서술하는 능력
- 철저한 시간 관리로 24시간을 고무줄처럼 늘릴 수 있는 능력

이런 것들은 눈에 보이지도 않고, 손에 잡히지도 않는 그야말로 하늘 위에 둥둥 떠다니는 구름 같은 능력들입니다. 차라리 정해진 시험 범위를 5번씩 읽고, 중요한 부분에 밑줄 치고 암기하는 것이 더 편할지도 모르지요. 눈에 보이니까요.

단순한 암기력만으로는 더 이상 미래 인재로 성장하기 어렵습니다. 이는 암기의 가치를 낮게 보는 것이 아니라, 변화와 문제 해결이 요구되는 시대에는 지식의 '이해'와 '활용' 능력이 더 중요해졌기 때문입니다. 알고 있는 지식을 다양하게 활용할 수 있느냐가 핵심입니다.

우리는 인생이라는 영화의 감독이자 주연입니다. 〈미션 임파서블〉 시리즈의 제작자이자 주연 배우 톰 크루즈는 대역을 쓰지 않는 것으로 유명합니다. 도대체 목숨이 몇 개길래 저렇게까지 하나 걱정이 되기도 합니다. 톰 크루즈가 대역을 쓴다 해도 관객은 이해할 텐데 말이죠. 영화의 생생함보다 배우의 안전이 우선이니까요. 개인적으로는 차라리 위험한 장면은 기술의 도움을 받았으면

하는 바람입니다.

그런데 우리의 인생은 어떨까요? 수능에서 대리 시험을 치거나, 군에 입대할 때 대역을 쓸 수도 없고, 형편없는 수업이라고 대리 출석을 시키면 안 되겠지요. 인생의 감독도, 주연 배우도 모두 '나'이니까요. 감독이 촬영이 무서워 결근을 하고, 주연 배우가 해당 장면을 찍기 싫다고 투정을 부리면 애당초 명작과는 거리가 멀어지게 됩니다. 우리의 영화가 액션이 될지, 로맨스가 될지는 모르겠지만 변함없는 사실은 내가 주인공이라는 것입니다.

작가에게 대본 수정을 요구하기도 하고, 카메라 감독에게 최상의 앵글을 부탁할 수는 있지만 결국 그 속에 들어가는 사람은 나입니다. 내가 주도하고 이끌어 가야 합니다.

2022 개정 교육 과정의 비전은 '포용성과 창의성을 갖춘 주도적인 사람'입니다.

학교라는 배움의 최전선에서 고군분투하는 학생들을 관찰해 보니 '주도적인 학생'이 학교생활의 만족도도 높았고, 성공하고자 하는 의지도 강했으며, 무엇보다 최선을 다해 자신의 미래를 디자인하고 있었습니다.

하지만 과연 무엇을, 어떻게 주도하라는 것인지에 대한 의문도 들었습니다. 제 머릿속에서 4개의 단어가 맴돌더군요. 답답함을 해소할 수 있는 소소하지만 확실한 처방의 키워드입니다.

저는 학교 안에서는 전교생과 이야기를 나누면서, 학교 밖 청소년과 상담하면서 이 막연함을 해결할 수 있는 구체적인 어휘를 수집하고, 솔루션을 제안합니다. 여러분의 답답함이 조금은 풀리면 좋겠습니다.

이겨 내기 위해 애쓰는 여러분은 결국 해낼 것입니다. 누군가가 환한 세상에서 웃고 떠들며 무언가를 이뤄 냈다고 느껴질 때, 여러분이 그 뒤편의 그림자 속에 머물고 있다면, 지금은 햇빛 속으로 나아가는 중입니다. 단지, 잠시 세상의 뒤편에서 숨 고르기를 하고 있을 뿐입니다.

지금 여러분이 걷고 있는 이 여정은 처음부터 끝까지 늘 여러분 자신의 것이었습니다. 지금부터 차곡차곡 쌓여 갈 시간 또한 여러분을 구성하는 '나'의 일부가 됩니다. 모든 과정 속에서 스스로 삶을 설계하고, 때론 주변의 도움도 받으며 주도적으로 길을 열어나가길 바랍니다.

저자 최영숙

차례

내 마음을
통제할 수 있을까?

잠시 누군가의 마음속에 다녀오는 일

안드레아 카스프르작의 『우울해서 빵을 샀어』라는 책 제목만 보고 저는 이렇게 생각했습니다.

'과연 어떤 종류의 빵이 나올까?'

그런데 빵에 관한 책이 아니더군요. 저 같은 유형의 사람을 굳이 분류하자면 'T형 인간'이라고 한답니다. T형 인간에서 T는 'Thinking'의 첫 글자입니다. 과정보다는 결과를 중시하고 사실에 초점을 맞춥니다. 반대 유형인 'F형 인간'에서 F는 'Feeling'의 첫 글자로 과정을 중시하고, 감정적 판단을 하며 사람의 관계에 초점을 맞추는 경향이 있습니다.

각종 커뮤니티에 등장하는 글들을 종합해 보면, "우울해서 빵을 샀어."라고 말하며 상대방의 리액션을 분석한다고 합니다. T형과 F형의 반응이 사뭇 다릅니다.

F형 "아이고, 왜 우울해?" "왜? 기분이 안 좋아?"

T형 "무슨 빵?" "우울한데 왜 빵을 사?" "어느 빵집에 갔어?"

정답은 없습니다. 대답에 따라 공감 능력을 운운한다면 과한 비약입니다. 상대방의 반응에 따라 토라지고 삐질 문제는 아니라고 봅니다. 원하는 대답이 아니라고 해서 나를 무시하는 것은 아닙니다. 그냥 성향의 차이일 뿐이지요. 우리 모두가 감정 중심인 F형이 꼭 될 필요는 없습니다.

단, 공감 능력이 높아지면 대인 관계를 훨씬 수월하게 유지할 수 있습니다. 스탠퍼드대학교 심리학 교수인 자밀 자키Jamil Zaki는 공감을 하나의 지능으로 봅니다. 그는 공감이 일부 특별한 사람만이 지닌 재능이 아니라, 누구나 가지고 있는 오래된 능력이라고 설명합니다.

자키에 따르면, 공감은 체력이나 민첩성, 또는 단순한 게임 실력처럼 평범하게 타고나는 능력입니다. 유전적으로 개인차가 있을 수는 있지만, 공감 능력은 우리가 어떻게 다루느냐에 따라 달

 제1장

라질 수 있습니다.

　즉, 공감은 정해진 성격처럼 고정된 것이 아니라, 삶의 방식에 따라 변화하고 성장할 수 있는 능력입니다. 움직이지 않으면 근육이 약해지고, 꾸준히 움직이면 강해지듯, 공감 역시 실천과 경험을 통해 자라납니다. 결국, 공감은 타고나는 것이 아니라 길러가는 힘입니다.

　인간에게는 날카로운 이빨도, 날개도 없었습니다. 다른 영장류에 비해 힘도 약했지요. 생존에 유리하도록 진화해야만 했습니다. 혼자일 때는 보잘것없는 존재지만, 함께 뭉치면 굉장한 존재가 되었습니다. 협력에 있어서는 세계 챔피언이라 할 만큼, 다른 어떤 종보다도 서로를 잘 도왔고, 그것은 인간의 비장의 무기가 되었습니다. 수천 년을 거치면서 서로 쉽게 관계를 맺을 수 있도록 진화했는데, 테스토스테론 수치가 떨어졌고, 얼굴은 부드러워졌으며, 공격성이 줄어들었습니다. 다른 사람의 시선을 쉽게 추적할 수 있도록 눈의 흰자가 커졌고, 얼굴 근육은 정교해져 감정을 더 잘 표현할 수 있게 됐지요. 뇌는 서로의 생각과 감정을 더 정확하게 이해하도록 발달했습니다. 그 결과 인간에게는 엄청난 공감 능력이 발달한 것입니다.

　결국 공감은 인간이 협력하기 위해 지녀야 하는 필수 요소였던 것입니다. 더 나은 삶을 살기 위한 기술이기도 합니다. 혼자서는 살 수 없으니까요.

'공감'은 상대방의 상황이나 기분을 이해하며 같이 느낄 수 있는 능력입니다. 소통에 있어 매우 중요한 역할을 하고, 인공지능보다 뛰어난 인간의 능력 중 하나입니다. 공감 능력이 부족하면 상대방도 나와 똑같은 감정을 느낀다고 생각하여 상대방이 서운해해도 이해하지 못합니다.

아기 때부터도 공감 능력에는 차이가 나타납니다. 어떤 아기는 엄마의 아픔에 함께 아파하며 반응하는 반면, 어떤 아기는 아랑곳하지 않고 장난감에 몰두합니다. 그래도 귀엽기는 마찬가지입니다. 아기니까요.

하지만 시간이 지나 어린이집과 학교 등에서 사회생활을 하게 되면, 점차 공감 능력이 얼마나 중요한지를 깨닫게 됩니다. 공감 능력이 부족한 사람과 대화를 나누면 마치 삶은 고구마를 먹은 듯 답답한 기분이 들곤 합니다. 그만큼 공감 능력은 대인 관계에서 핵심적인 요소입니다.

대인 관계는 진로를 결정짓는 데 있어서도 매우 중요한 부분입니다. "그냥 실력만 있으면 되는 거 아닌가요?"라고 반문할 수 있지만, 사실 대인 관계도 실력입니다. 학교 밖 세상으로 나가보면,

소통의 힘이 얼마나 위대한지를 절실히 느끼게 될 것입니다.

친구 관계가 좋지 않으면 학교생활이 힘들고 공부에 집중하기가 어렵듯이, 직장에서는 매끄러운 대인 관계가 부족한 실력을 보충할 만한 위력을 지녔음을 알게 될 것입니다.

베스트셀러 순위에는 사람 간의 관계에 대한 에세이가 빠지지 않습니다. 많은 이가 제대로 된 관계를 갈망하고 있다는 증거입니다.

학교에서도 자기 말만 끊임없이 하는 학생들은 인기가 없습니다. 처음에는 활달한 성격으로 호감이 가기도 하지만 어느새 친구들도 지쳐 갑니다. 남의 말을 지긋이 듣는 것도 한계가 있거든요.

인간은 누구나 자기를 드러내고 인정받고 싶습니다. 책으로 제 생각을 표현하고, 블로그로 일상을 드러내며, 유튜브로 목소리를 내는 것도 그런 까닭입니다. 진로 상담의 대부분은 상대의 이야기를 듣는 일입니다. 제게서 어떤 정보를 얻으려는 학생은 극히 드뭅니다. 1시간이면 원하는 대학, 학과 정보를 찾아볼 수 있으니까요. 본인의 목표를 누군가에게 노출함으로써 인정받고 확인하고 싶은 마음에 오는 것 같습니다. 자기 입으로 원하는 바를 말하고 나면 스스로 동기 부여가 되지요. 남에게 말을 해 버렸으니 지키고 싶은 의지가 샘솟습니다. 이렇게 다들 자신을 드러내고, 자기 말을 하기 바쁜 세상이라면 공감하고 들어 주는 사람의 역할도 커지겠지요.

공감 능력은 단순히 상대의 감정을 이해하는 데서 그치지 않고, 그 감정을 존중하고 반응하는 태도까지 포함합니다. 그렇다면 공감 능력을 키우기 위해서 어떤 노력을 할 수 있을까요? 쉬워 보이지만 결코 쉽지 않은 것들입니다.

첫째는 웃음입니다.

웃는 얼굴에 침 못 뱉는다는 속담이 있지요? 변하지 않는 진리입니다. 비웃는 웃음이 아니라 예의 바른 웃음을 의미합니다. 웃음도 잘못하면 큰 오해를 살 수 있으니 적절한 상황에서 잘 웃어야겠지요. 예의 바른 웃음은 편안함을 제공합니다. '이 사람 앞에서는 편안하게 이야기해도 되겠구나'라는 안정감을 느끼지요. 인상을 쓰고 있는 사람과 말을 섞고 싶진 않습니다.

간혹 잘 웃는다고 함부로 대하는 사람이 있습니다. 상종할 가치도 없습니다. 나의 긍정적인 웃음의 의미를 알아주는 그런 친구와 즐거운 학교생활을 하면 됩니다.

둘째는 경청입니다.

스티브 잡스는 직원들에게 자신을 'CLO^{Chief Listening Officer}'라

불러달라고 했습니다. '최고 경청자'라는 뜻입니다. 애플 창업자였던 그는 독선적인 리더십으로 회사에서 쫓겨났고, 10여 년 만에 복귀했습니다. 그는 과거 자신의 잘못을 반성하며 부하 직원들의 말에 귀를 기울였고, 그 결과 아이폰과 아이패드가 탄생했습니다.

경청이란 단순히 듣는 행위를 의미하는 게 아닙니다. 귀로 소리의 파동이 전달된다고 해서 듣는 것은 아닙니다. 잘 들어야 합니다. 귀를 잘 여는 것이 중요해진 세상입니다.

데이비드 브룩스는 저서 『사람을 안다는 것』에서 경청을 돕기 위한 'SLANT 기법'을 소개하였습니다.

- **Sit up** 가만히 앉아서
- **Lean forward** 상대방 쪽으로 몸을 기울이고
- **Ask questions** 질문하며
- **Nod your head** 고개를 끄덕이고
- **Track the speaker** 상대방을 따라가는 것

단순히 귀로 듣는 행위가 아니라 눈으로 상대방의 말을 읽고, 관심을 가지고 온전히 집중하는 과정이 경청입니다. 일반적으로 의사소통에서 말을 많이 하는 사람보다 들어 주는 사람을 더 신뢰합니다. 왜냐하면 모두가 자신의 말을 하고 싶어 하기 때문입니

다. 모두가 자기 이야기를 하고 싶어할 때 잘 들어 주는 귀를 가지고 있다면 상대방에게 소중한 사람이 될 수 있습니다. 나의 말을 잘 들어 주는 사람과 대화를 하면 내가 존중받고 있다는 느낌을 받을 수 있으니까요. 말을 잘하는 것은 엄청난 능력이지만, 말이 많은 것은 실수를 동반하게 됩니다. 혹시나 하지 말아야 할 말을 했다면 상대방을 불편하게 만들고, 관계가 틀어질 수도 있습니다.

셋째는 인사입니다.

지나가다 우연히 마주쳐서 반갑게 인사하는 사람을 누가 마다할까요? 인사하는 그 모습이 상대방의 뇌리에 인상 깊게 박힙니다. 자신에게 존재감이 없다고 느끼나요? 가장 쉬운 방법은 인사입니다.

"안녕!"
"안녕하십니까?"

짧은 말입니다. 발음도 어렵지 않죠. 자주 하다 보면 아무렇지도 않습니다. 그런데도 이 한마디가 잘 나오지 않는다면, 익숙하지 않아서일 겁니다.

넷째는 칭찬입니다.

『칭찬은 고래도 춤추게 한다』라는 유명한 책이 있습니다. 혹시 칭찬으로 인해 덩실덩실 춤추는 기분을 느껴 본 적이 있으신가요? 친구와 선생님의 칭찬 한마디에 진로까지 바꾼 학생도 있습니다.

"너 목소리 좋은데? 아나운서 한 번 해 봐."

이 학생은 정말 아나운서에 도전했습니다.

"우아, 너 10번 수학 문제 어떻게 풀었어? 대단해."

이 학생은 수학에 더욱 자신감을 갖게 됩니다.

칭찬은 상대의 단점보다 장점에 주목한다는 의미입니다. 누구나 장단점을 가지고 있습니다. 누군가가 내 장점을 알아보고 진심 어린 칭찬을 해 준다면 기분 나쁠 사람이 있을까요? 오히려 그 사람을 더 신뢰하게 될 것입니다.

친구들과 좋은 관계를 유지하고 싶다면, 그들의 단점은 잠시 접어 두세요. 굳이 숨겨진 단점을 들춰낼 필요는 없습니다. 그러면 친구들도 내가 미처 몰랐던 장점을 발견하고, 기꺼이 칭찬해 줄 것입니다.

다섯째, 말을 신중하게 합니다.

영국 속담에 '지혜는 듣는 데서 오고 후회는 말하는 데서 온다 Wisdom comes from listening and regret comes from speaking.'라고 했습니다.

사람은 보통 귀가 2개, 눈도 2개입니다. 코에도 2개의 구멍이 있죠. 그런데 입은 하나뿐입니다. 어쩌면 이는 보고 듣는 것보다, 말 한마디를 더 조심하라는 뜻이 아닐까요? 공감 능력이 부족한 사람은 자신의 화법이 잘못된 것을 잘 모릅니다. 말을 할 때는 항상 신중해야 하며, 적절한 언어를 사용해야 합니다.

수업 시간에 이런 질문을 던졌습니다.

"인간관계를 바꿀 수 있는 말에는 어떤 것들이 있을까요?"

그러자 다양한 대답이 쏟아졌습니다.

· **고마워**.

· **미안해**.

· **사랑해**.

· 네 덕분이야.

· 같이 하자.

짧은 말들이지만, 그 울림은 결코 짧지 않습니다. 이런 말을 자주 건네면, 관계는 한결 부드러워지고 마음은 더 가까워집니다.

마음속에만 담아두지 마세요. 입 밖으로 꺼내지 않으면, 오히려 더 어색하고 멀게 느껴질 수 있습니다.

인간관계를 바꾸는 말은 거창한 표현이 아닙니다. 작은 말 한마디에서 시작됩니다.

자주 사용해 보세요. 언젠가 여러분의 마음과 삶도 조금씩 달라질 것입니다.

체육 대회에서 반별 축구대항전이 있었습니다. 승부차기에서 우리 반의 승수가 실수를 하는 바람에 1:0으로 패했습니다. 풀이 죽어 있는 승수에게 어떤 말을 해 주고 싶은가요?

우리 반의 한 학생 때문에 담임 선생님이 화가 났고, 힘들어하십니다. 담임 선생님께 어떤 말로 위로를 할 수 있을까요?

도서　자밀 자키, 『공감은 지능이다』, 정지인, 심심, 2021

영상　봄날의 햇살 최수연, 우영우 진심에 울컥 |
　　　　이상한 변호사 우영우 | EP05 | ENA 채널

틈새에 자리 잡은 빛을 찾아보자

『빨강 머리 앤』은 19세기 중반 캐나다를 배경으로 한 루시 모드 몽고메리의 소설입니다. 총 6권의 앤 시리즈 중 첫 번째 책이지요. 어렸을 땐 애니메이션으로 접했고, 사춘기 소녀가 된 후엔 소설로 다시 마주했습니다. 영어교육과에 입학한 후에는 원서를 읽으면서 『빨강 머리 앤』에 더 깊이 파고들었습니다. 성인이 될 때까지 그렇게 앤을 동경했지만 정작 앤의 말 한마디를 외우지 못했음을 알게 되었습니다. 뒤늦게 그녀의 명대사가 제 마음에 전해졌고, 앤이 사랑받는 이유를 몇십 년이 지나서야 알게 되었습니다.

생각대로 되지 않으면 당황하거나 두려움에 떠는 게 일반적입니다. 인간의 뇌는 변화를 싫어하는 것이 기본값이니까요. 하지만 앤은 인간에게 할당된 그 기본값에서 벗어나 버립니다. 생각대로 되지 않는 일을 그냥 서프라이즈 선물 정도로 여기는 긍정의 끝판왕입니다.

무조건 밝게 웃거나, 현실을 무시하고 좋게만 생각하는 것이 긍정일까요? 진짜 긍정은 현실을 있는 그대로 인정하면서도, 그 안에서 가능성을 찾고 의미를 발견하려는 태도입니다. 예를 들어 중간고사를 망쳤을 때, "에이 망했다. 난 안 돼."라고 말하는 대신, "이번엔 부족했지만, 다음에는 더 잘할 수 있을 거야. 어느 부분이 부족했는지 보자."라고 말할 수 있는 힘, 그게 긍정입니다.

부정 스위치가 켜지면 '생각대로 되지 않아'가 되고, 긍정 스위치가 켜지면 '생각지도 못했던 일'이 됩니다. 따라서 우리도 모드를 전환하여 긍정적인 삶을 실천하면 어떨까요? 가령 이런 것들 말입니다.

- 매일 아침 일어나 거울을 보고 '난 할 수 있다'라고 말해 줍니다.

- 작은 목표를 세우고, 작은 것부터 달성할 수 있도록 노력합니다.

- 지나간 것에 대해 후회하기보다는 앞으로의 삶에 집중합니다.

- 몸을 움직이며 활동적인 사람이 되도록 노력합니다.

- 내가 진정으로 좋아하는 것이 무엇인지 찾습니다.

빨강 머리 앤이 '생각대로 되지 않는다'를 '생각지도 못했던 일'로 바꿔 버리는 순간 긍정의 힘이 살아났듯이, 우리가 내뱉는 단어들은 마법의 힘을 발휘합니다. 삶에 생기를 불어넣고 힘을 주는 말이 있는가 하면, 삶을 위축시키고 시들게 만드는 말도 있습니다. 어떤 단어를 선택할 건가요?

긍정적인 단어	부정적인 단어
기쁘다, 기분 좋다, 반갑다, 행복하다, 흐뭇하다, 즐겁다, 사랑스럽다, 자랑스럽다, 뿌듯하다, 만족하다, 싱그럽다, 아늑하다, 환상적이다, 벅차다, 짜릿하다, 황홀하다, 뭉클하다, 포근하다, 푸근하다, 시원하다, 후련하다, 통쾌하다, 재미있다, 담담하다, 감격스럽다, 평화롭다, 상쾌하다, 신바람나다, 평안하다, 근사하다, 든든하다, 태연하다, 멋있다, 흡족하다	초조하다, 고독하다, 두렵다, 절망적이다, 울적하다, 답답하다, 억울하다, 속상하다, 섭섭하다, 밉다, 허탈하다, 괘씸하다, 아쉽다, 처량하다, 서글프다, 무심하다, 씁쓸하다, 불쌍하다, 가소롭다, 처절하다, 지겹다, 힘겹다, 주눅들다, 외롭다, 당황스럽다, 불안하다, 비참하다, 침울하다, 우울하다, 무기력하다, 낙담하다, 지치다, 초라하다, 쓸쓸하다

탁월한 정치가는 유머 감각도 뛰어납니다. 유머 감각의 기반은 긍정입니다. 그 선봉에 윈스턴 처칠이 있습니다. 그가 21세기에 존재했다면 인기 있는 크리에이터가 되었을지도 모를 만큼 유머가 있었지요.

한번은 처칠을 끔찍이 싫어하던 영국의 여성 국회의원 레이디 에스터가 화를 내며 처칠에게 이렇게 퍼붓습니다.

"당신이 내 남편이었다면 당신 커피에 독을 탔을 겁니다."

나를 죽이겠다는 막말을 퍼붓는 상대에게 어떤 말을 되돌려 줬을까요?

처칠은 느긋하게 대답했습니다.

"내가 당신 남편이었다면 서슴지 않고 그걸 마셨을 거요."

이것이야말로 멘털 승리 아닌가요? 도대체 저 여유는 어디서 왔는지 모르겠습니다.

영국에 윈스턴 처칠이 있었다면, 미국에는 에이브러햄 링컨이 있었습니다. 링컨은 원숭이를 닮은 듯한 외모 때문에 못생겼다는 지적을 받았습니다. 미남과는 거리가 먼 외모였지요. 중요한 선거 유세에서 상대 후보가 링컨에게 외모 디스를 합니다.

"당신은 사람과 원숭이의 두 얼굴을 가진 이중인격자야!"

건드리지 말아야 할걸 건드렸습니다. 모욕적인 발언에 청중은 순간 조용해졌습니다. 링컨도 상대 후보의 외모를 깎아내렸을까요? 그는 연단에 올라가 차분히 연설을 시작했고, 끝에는 유쾌한 발언을 했습니다.

"내가 정말 두 얼굴을 가졌다면 이 중요한 자리에 왜 하필 못생긴 얼굴을 가지고 나왔겠습니까?"

청중들은 그의 유머에 웃음으로 화답했고, 링컨은 전국적인 스타로 자리매김하며 훗날 대통령 선거 때 큰 지지를 얻었습니다.

'유머 감각'이란 '우습거나 재미있는 것을 알아보고 즐기며 표현하는 능력'입니다. 인상을 찌푸리거나 얼굴이 울그락불그락 달아오를 상황에서도 처칠과 링컨은 유머 감각을 발휘하였지요. 날카로운 상황 판단력과 자신에 대한 확고한 신념이 있기에 가능한 것입니다. 상대가 누구든 자신에 대한 믿음이 있어야만 여유로운 유머를 날릴 수 있는 것입니다. 말 한마디로 상대를 제압할 수 있습니다. 상대는 의문의 1패를 당할 수밖에 없지요. 유머는 긍정적인 마음가짐의 텃밭에서 자랍니다.

학생과 직장인의 입장에서 오지 않았으면 하는 날이 있습니다. '월요일'입니다. 공포 영화의 소재로 '13일의 금요일'이 쓰이는데, 이는 현실적이지 않은 제목입니다. 금요일만큼 좋은 날도 없는데 말이죠. '13일의 월요일'로 바꾸어야 할 만큼 싫어하다 못해 공포스럽기까지 한 월요일입니다. 오죽하면 '월요병'이라는 말까지 생겼을까요?

월요병은 주말에 쉬고 월요일에 다시 출근하는 직장인, 등교하는 학생들에게 나타납니다. 주말에 자유로운 시간을 보낸 후 월요일에 느끼게 되는 권태감 또는 무력감이지요. 월요병은 일요일 저녁과 월요일 아침에 나타납니다. 심리적 긴장감으로 스트레스와 우울감을 느낄 수 있는데, 비단 월요일뿐만 아니라 긴 휴가, 방학 후에도 비슷한 증상이 나타납니다. 원인은 다음과 같습니다.

- 즐거웠던 주말이 끝나고 다시 출근하거나 학교에 가야 하는 스트레스와 불안감

• 밤을 새우거나 늦게 일어나는 불규칙한 생활 패턴

• 오랜 시간 걷거나 대중교통을 이용해야 한다는 부담

두렵기만 한 월요병도 신체적, 정신적으로 다스리는 방법이 있습니다.

• 주말 동안 적당한 휴식을 취하고 평일과 같은 수면 시간을 유지한다.

• 월요일에 해야 할 일을 미리 조금 해 둔다.

• 의도적으로 월요일에 재미있는 일을 만든다.

이 중에서도 가장 좋은 방법은 긍정적인 태도입니다. 월요병에 대해 의식을 하지 않는 것이죠. 어차피 화요일이 되면 사라질 테니까요.

대구에서 의성까지 출퇴근을 하는 저도 월요병이 있었습니다. 차가 막히지 않으면 고속 도로를 1시간씩 운전합니다. 날씨가 좋지 않을 때면 운전에 대한 부담은 배로 늘어납니다. 거기다 월요일, 개학일 직전이라면 주말 오후가 걱정으로 휩싸입니다.

그런데 몇 달 그렇게 운전하다 보니 새로운 것들이 제 눈에 들어오더군요. 행복 회로가 켜지는 순간이고, 직장생활에 대한 태도를 긍정 모드로 전환한 구간입니다.

대도시의 교통 혼잡 속에 갇혀있는 1시간과 고속 도로 1시간은 느낌이 다릅니다. 중앙 고속 도로를 따라가다 보면 의외의 경치가 펼쳐집니다. 아파트 단지도 아니고, 공장 지대도 아니고, 논밭도 아닌 진짜 숲입니다. 사방이 산으로 둘러싸여 있고 푸르름이 느껴집니다. 물론 시속 100km로 달리니 여행하듯 즐길 수는 없습니다. 조명이 가득한 터널을 몇 군데 통과하면 직장에 도착합니다. 타임머신을 타고 다른 세계로 들어가는 기분입니다. 새로운 시공간, 멀티버스의 세계로 진입하는 묘한 기분이 들지요. 제 역할도 선생님으로 바뀝니다.

이처럼 긍정의 감정을 키우는 방법 중 하나는 '감사 일기'를 쓰는 것입니다.

감사는 주관적인 감정입니다. 행복과 불행을 대하는 태도 또한 그렇습니다. 유복한 가정에, 말 한마디면 부모님이 모든 걸 챙겨주어도 투덜대는 사람이 있는 반면, 부모가 없어도 가진 것에 감사하고, 없는 사람들에게 보탬이 되고자 하는 사람도 있습니다.

행복한 가정은 모습이 다들 비슷비슷하지만, 불행한 가정은 저마다 다른 이유가 있다.

러시아의 대문호 톨스토이의『안나 카레니나』의 첫 문장입니다.

행복의 비결은 단순합니다. 그저 사랑하는 사람이 옆에 있거나, 원하는 목표가 있거나, 건강한 신체가 있거나, 버터 향이 풍기는 크루아상을 먹거나, 들길에 핀 이름 모를 꽃을 보거나, 읽고 있는 책에서 감동을 받으면 됩니다.

하지만 불행의 이유는 확실합니다. 계속 투덜거릴수록 더 명확해집니다. 없던 불행도 입으로 뱉는 순간 그 사람의 슬픔이 됩니다.

저는 행복과 불행도 받아들이는 자세에 따라 같은 카테고리에 속할 수 있다는 사실을 이성남 작가의『나는 행복한 고아입니다』라는 책을 통해 알게 되었습니다. 작가는 현재 김천교육지원청 장학사로 근무하고 있습니다. 이 책을 집필할 당시에는 체육 선생님이었지요.

그는 20년간 보육원에서 생활하였습니다. 책 서두에 추천사를 써 주신 목사님은 그를 처음 보았을 때, 왜 그의 얼굴에 깊은 사연이 담겨 있는지 단번에 알 수 있었다고 합니다.

책을 읽는 내내, 그의 서사가 어떻게 펼쳐질지 궁금하고 또 알고 싶었습니다. 함부로 타인의 고통을 이해하고 공감한다고 말은 못하지만, 책장을 넘기면서 제가 이제껏 만난 적도, 겪지도 못했던 그분의 이야기를 따라가 보았습니다.

　이 책을 관통하는 주제는 '감사'입니다. 부모에게 버려진 고아에게 온정의 손길을 베푼 사람은 많았습니다. 작가는 잊지 않고 글로 담아 감사의 마음을 전했습니다. 감사하는 마음이 없었다면 기억에서 사라졌을 것이고,『나는 행복한 고아입니다』는 탄생하지 않았을 것입니다.

　세상 사람들의 편견 속 고아는 부모를 그리워하거나 증오하며 지독한 외로움 속에 살아가는 아이로 그려집니다. 때문에 흔히 '고아'와 '행복'은 결코 같은 범주에 속할 수 없다고 여겨집니다. 하지만 그 어려운 걸 해내는 것이 바로 '감사'입니다.

늘 태평하게 보이는 사람들도 마음속을 두드려 보면 어디에선가 슬픈 소리가 난다.

-나쓰메 소세키, 『나는 고양이로소이다』 중에서

　행복한 사람이라고 해서 계속 행복한 것도 아니고, 불행한 사람이라고 해서 줄곧 불행한 것도 아닙니다. 마음속을 두드려 보면 기쁨과 슬픔의 소리가 화음처럼 들릴 겁니다. 행복과 불행은 공존하고 있습니다. 그러니 나만 힘들다고 우울해하지 말고, 불행 속에서도 간간이 새어 나오는 행복의 빛을 따라가 봅시다. 그 빛을 놓치지 않기 위해, 오늘 하루를 긍정의 언어로 돌아보며 감사 일기를 써 보는 건 어떨까요?

요즘 여러분에게 감사할 만한 일들이 있나요? 오늘 하루를 돌아보고 감사 일기를 써 보세요.

일상에서 자주 쓰는 긍정의 말들이 있나요? 자주 쓰고 싶고, 자주 듣고 싶은 긍정의 말들을 알려 주세요.

도서 이성남, 『나는 행복한 고아입니다』, 북랩, 2020

영상 '빨간 머리 앤'의 명대사 영어 표현 듣기

타인이 아닌
어제의 나와 견주기

남들은 날개를 펼치고 훨훨 날아다니고 있을 때 날개를 펴는 방법조차 몰라 낑낑거린 적이 있나요? 아무리 노력해도 알아주는 이 없고, 도움의 손길도 없을 때 우리는 존재감이 없다고 느낍니다. 손을 들고 '저 여기 있어요.'라고 외쳐도 내 소리만 묻히는 것 같은 기분이 들지요. 자존감은 바닷물에 씻겨 내려간 모래가 되고, 충만했던 자신감마저 흔적도 없이 사라질 때가 있습니다. 그때 저에게 다가온 꽃이 있습니다.

산수유는 존재로서의 중량감이 전혀 없다. 꽃송이는 보이지 않고, 꽃

덧없이 스러져 흔적도 없이 사라지는 산수유꽃. 그러나 그 자리에는 이내 빨간 열매가 등장합니다. 루비처럼 영롱한 자태를 뽐내면서 말이지요. 그 효능은 온 산을 덮고도 남을 정도입니다. 예로부터 한방에서 약재로 많이 사용해 왔고, 특히 신장 기능을 강화하고, 피로 해소에 좋다고 합니다. 또한 항산화 성분이 풍부하여 면역력을 높여 준다고 하네요.

존재감이 없다고 해서 존재가 사라지는 건 아닙니다. 봄을 넘고 여름을 건너 가을이 되면 강력한 존재감을 뽐내는 산수유처럼 여러분도 반짝반짝 빛나는 존재로 나타나게 될 것입니다. 그 시간 동안 내가 할 수 있는 일을 하면서 때를 기다리면 됩니다.

노래하는 다비드상, 덴마크의 왕자님 등으로 불리는 크리스토퍼Christopher는 덴마크 출신의 싱어송라이터입니다. 우리나라의 여성 가수 청하와 콜라보한 'When I Get Old'를 듣자마자 한국인의 취향에 꼭 맞는다는 느낌을 받았습니다. 알고 보니 인기가 있는 수준을 넘어 그의 콘서트에서는 떼창을 들을 수 있을 정도입니다. 크리스토퍼가 내한하면 팬들은 그의 여권을 불태워 버려 덴마크로 돌아가지 못하게 막자고 진심 어린 농담을 한다고 합니다. 노래 실력뿐만 아니라 덴마크 왕자님이라고 불릴 만큼 남다른 외모가 인기에 시너지를 더합니다.

세계 행복 지수에서 늘 상위권을 차지하는 덴마크는 동화 같은 나라입니다. 동화의 이미지를 널리 알린 사람은 안데르센입니다. 그의 작품은 동화책의 고전이라고 불립니다. 그의 외모는 어땠을까요?

'덴마크의 오랑우탄.' 키도 크고 얼굴이 못생겨서 붙여진 별명이랍니다. 그의 장례식장에 유족은 없었습니다. 평생 연애 한번 제대로 하지 못한 독신이었기 때문이지요. 덴마크를 동화의 나라로 인식시켜 준 장본인이지만 정작 본인은 동화 속 왕자님처럼 살지는 못했습니다.

그의 작품 속에는 고달팠던 생활과 아픈 경험이 그대로 녹아나 있고, 동화를 읽으면 슬픔이 묻어 나오는 것도 다 그런 이유입니다.

『미운 오리 새끼』『인어공주』『벌거벗은 임금님』『성냥팔이 소녀』『눈의 여왕』모두 자신의 이야기를 모티브로 하여 만든 이야기입니다. 안데르센은 양성애자였다고 하는데, 그는 사랑했던 남자 에드워드 콜린의 결혼 소식을 들은 뒤『인어공주』를 썼습니다. 『성냥팔이 소녀』는 아버지가 죽은 후 남겨진 어머니의 비극적인 삶을 표현한 이야기입니다. 학교생활도 만만치 않았습니다. 늦은 나이에 학교에 들어간 그는 친구들과 어울릴 수 없었고, 선생님은 그의 창작 욕구와 작품들을 매도하며 악담을 내뱉었습니다. 훗날 연못에서 헤엄치는 백조를 보고 문득 이런 생각을 하게 됩니다.

‘지금은 볼품없지만 곧 어미처럼 멋진 백조가 되겠지.’

여기에서『미운 오리 새끼』가 탄생한 것입니다.

자신의 슬픔을 동화 속에 투영시켜 위대한 작품으로 남긴 안데르센은 이렇게 말했습니다.

“나의 역경은 축복이었다. 가난했기에『성냥팔이 소녀』를, 못생겼기에『미운 오리 새끼』를 쓸 수 있었다.”

역경을 축복으로 승화시킨 그는 덴마크를 동화의 나라로 만들었고, 안데르센 투어로 세계인들을 유인하고 있습니다. 또한 그의 동화는 문학, 예술, 음악, 애니메이션 등 다양한 분야에 영향을 미치고 있지요. 그를 기리고자 제정된 ‘한스 크리스티안 안데르센상’

                                           제1장

은 '아동문학계의 노벨상'으로 불리며, 모든 그림책 작가의 꿈이
되었습니다.

'노래하는 다비드' 크리스토퍼처럼 타고난 외모와 노래 실력으
로 큰 인기를 누리는 사람도 있지만, 대부분의 사람은 그저 그렇
게 삽니다. 외모가 특출나지도, 재능이 뛰어나지도 않지만, 자신
만의 동화 속에 살아갑니다. 스스로를 옥죄는 비교보다는 내면의
왕국을 견고히 하여 불필요한 비교로부터 나 자신을 지켜 내는 편
이 바람직합니다.

모든 사람의 인생은 신에 의해 쓰인 한 편의 동화이다.

-안데르센

덴마크에는 가지지 못한 것을 한탄하지 않고, 결핍을 예술로 승
화시킨 안데르센이 있었습니다. 그리고 한국에는 기형도라는 시
인이 있었습니다.

기형도 시인은 가난과 고독, 상실감 속에서 살았고, 그의 결핍
은 아름답고도 슬픈 시가 되었습니다.

아주 오랜 세월이 흐른 뒤에

흔없는 책갈피는 이 종이를 떨어뜨리리

그때 내 마음은 너무나 많은 공장을 세웠으니

어리석게도 그토록 기록할 것이 많았구나

구름 밑을 천천히 쏘다니는 개처럼

지칠 줄 모르고 공중에서 머뭇거렸구나

:

나의 생은 미친 듯이 사랑을 찾아 헤매었으나

단 한번도 스스로를 사랑하지 않았노라

—기형도, 〈질투는 나의 힘〉 중에서

그의 대표작 중 하나인 〈질투는 나의 힘〉은 타인과의 비교 속에서 인정받고 싶어 했던 삶이, 결국에는 자신의 가치를 스스로 부정하는 삶이었음을 보여 줍니다. 특히 시의 마지막 구절은 오랫동안 마음에 남아 되뇌게 됩니다.

〈질투는 나의 힘〉이라는 제목과 달리, 이 시는 자신을 제대로 돌아보지 못한 삶에 대한 깊은 후회를 담고 있습니다. 남을 질투하며 허비한 시간, 타인의 인정만을 좇았던 순간들 속에서 스스로를 인정하고 사랑하는 데 시간을 썼다면 어땠을까 하는 시인의 마음이 고스란히 전해집니다.

‘과유불급’이라는 말이 있습니다. 정도의 지나침은 오히려 미치지 못한 것보다 못함을 이르는 말입니다. 뭐든 적당한 게 좋습니다. 함께 사는 세상에서 남을 전혀 의식하지 않고 오직 자기 방식대로만 살아가도 문제고, 남을 너무 의식하여 정작 자신의 본모습을 갉아먹어도 마음에 염증을 유발할 수 있습니다. 비교도 ‘적당히’가 가장 힘듭니다.

비교 지옥에서 탈출하고 싶다면 비교를 반가운 자극으로 받아들이세요. 비교로 인한 질투는 나와 비슷한 수준이라고 느낀 누군가가 나를 앞서갈 때 생기는 감정입니다. 평범한 서민은 수천억대의 부동산을 가진 사람을 질투하지 않습니다. 사우디아라비아 왕자의 억 소리 나는 재산에 배 아파하지도 않습니다. 성적이 비슷했던 친구가 훅 치고 올라갈 때 질투의 감정을 느낍니다. 만약 누군가와 자신을 비교함으로써 신경이 쓰인다면, 내가 정말 원하는 것이 무엇인지 알게 됩니다. 부러움의 대상이 내가 하고 싶었던 일일 가능성이 크니까요.

별로 두드러지지 않던 친구가 큰 대회에서 상을 받거나, 성적이 급격히 오를 수도 있습니다. 누군가의 성취는 그동안 노력한 고생의 대가입니다. 그 친구도 자신을 극복하기까지 꽤 오랜 시간이 걸렸을 겁니다. 친구의 과거를 거슬러 살펴보세요. 그의 성적이 눈에 띄게 올랐다면 그건 운이 아닙니다. 효과적인 전략과 투자한 시간 덕분일 가능성이 높습니다. 남의 성취에 배 아파하지 말고 당장이라도 비슷한 노력을 해야 합니다.

다른 사람과 나를 비교할 때, 그것이 동기 부여가 되는 경우와 오히려 나를 힘들게 하는 경우의 차이는 무엇일까요?

사회에서는 성공을 숫자(성적, 연봉 등)로 비교하는 경우가 많습니다. 여러분이 생각하는 '진정한 성공'이란 무엇인가요?

도서　김훈,『자전거여행』, 문학동네, 2014

영상　크리스토퍼 X 청하 콜라보: Christopher, CHUNG HA – When I Get Old

'좋다, 나쁘다'로 나눌 수 없고, 검사로도 판단할 수 없다

인간의 성격 유형을 분류하려는 시도는 늘 있었습니다. 대표적인 것이 혈액형입니다.

"난 소심한 A형이야."

혈액형으로 성격을 유추하는 모습을 심심찮게 볼 수 있습니다. 결론부터 이야기하면, 혈액형과 성격은 전혀 관련이 없지요. 과학적 근거도 없습니다. 혈액형은 유전으로 정해지지만, 성격은 유전뿐만 아니라 환경적 요인, 교육 등에 의해 형성되니까요.

이제는 MBTI가 그 역할을 대신하는 것 같습니다. 대화의 물꼬를 트기 위해 MBTI를 묻는 게 하나의 인사가 되었습니다. 쉽고 빠르게 상대방을 간파하기 위함이지요.

MBTI는 'Myers-Briggs Type Indicator'의 줄임말로, 캐서린 쿡 브리그스와 그녀의 딸 이사벨 브리그스 마이어스가 함께 개발한 성격 유형 지표입니다. 이들은 정식 심리학 전공자는 아니었지만, 심리학과 성격 유형에 큰 관심을 갖고 연구를 지속했습니다.

제2차 세계대전 당시 많은 여성이 노동 시장에 진입하면서, 이사벨은 각자의 성격에 맞는 업무를 찾아줄 실용적인 도구가 필요하다고 느꼈고, 그렇게 MBTI가 실제로 적용되기 시작했습니다.

MBTI는 정신 분석학자 카를 융의 심리 유형 이론에 기반을 두었지만, 융의 이론 자체가 과학적 방법론에 따른 엄밀한 실험 데이터를 바탕으로 한 것은 아니었어요. 이 때문에 MBTI 역시 심리학계에서는 신뢰도와 타당성 면에서 논란이 있어 왔습니다. MBTI를 참고 자료로 활용하는 것은 유익할 수 있으나, 자신의 성격을 하나의 고정된 틀로 단정 짓거나, 어떤 행동의 '핑계'로 삼는 것은 지양해야 합니다.

"나는 I형(내향적)이니까 당당하게 발표를 못 해."

이것은 구차한 변명입니다. 당당하게 발표를 못 하는 것은 I형이라서가 아닙니다. 연습이 부족했거나 긴장해서입니다. 유명한 강연가, 말 잘하는 연예인 중에서는 I형도 많습니다. 성격에 책임을 뒤집어씌우지는 맙시다.

"선생님, 검사할 때마다 저는 INTJ인데요. 그런데도 믿지 말아야 할까요?"

결론부터 얘기하자면 믿지 마십시오. 사람의 유형을 16가지로 단정 지을 순 없습니다. ENFP도 때로는 조용하고, 큰일 앞에선 주저합니다. ISTJ도 친구들 앞에선 활달하게 춤을 추기도 하고, 말이 많기도 합니다. 즉, 사람은 상황에 따라 시시각각 변합니다.

우리의 내면은 겹겹이 층을 이룬 크루아상처럼 복잡하기 그지없습니다. 그렇기 때문에 자기 정체성에 하나의 딱지를 붙이고, 그 유형에 맞춰 추종하며 행동하는 것에 반대합니다. 특히 하기 싫은 일을 정당화할 명분이나 핑계를 제공하는 도구로 MBTI가 사용되기도 하지요.

일반적으로 I형은 내성적이고, E형은 외향적인 성향을 지닌다고 합니다. E형은 사람을 만나고 외부 활동을 하며 에너지를 얻는 반면, I형은 혼자만의 시간을 통해 스스로 에너지를 충전하는 타

입으로 여겨지곤 합니다. 하지만 이런 성향조차도 상황과 맥락에 따라 달라질 수 있습니다. 단순한 분류로는 우리의 복잡한 내면을 모두 설명할 수 없습니다.

자신의 MBTI 유형을 인식했을 때와 인식하지 않았을 때 드러나는 행동의 차이점을 저는 분명히 목격했습니다. 한 배우가 2개의 예능에서 어떻게 달라지는지 살펴보도록 하죠.

예능 〈서진이네〉에서 나영석 PD는 이서진에게 최우식의 MBTI를 알려 줍니다.

"우식이가 I인데 호객 행위를 시키면 어떡해!"

트렌드에 관심 없는 50대 이서진은 "I가 뭐야?"라고 묻지요.

최우식은 I형의 가면을 쓰고 나니 호객 행위가 부담스럽습니다. 그런데 몇 년 전 〈윤스테이〉에서의 최우식은 달랐습니다. 숙박업소의 인턴을 하면서 처음 보는 외국인 손님에게 친근하게 다가갑니다. 긴장을 풀기 위해 다양한 대화를 시도하고, 숙소를 안내했습니다. 당시 그 누구도 최우식이 I형이라고 생각하지 않았습니다. 외국인과 거리낌 없이 대화하는 모습을 보며 감탄이 절로 나왔습니다. 자신의 성격 유형을 I형이라고 규정짓는 순간, 사람을 대하는 일이 꺼려지기도 합니다. 최우식이 두 예능에서 보여 준 모습에서 제가 느낀 점입니다.

간단한 검사로 성격 유형을 측정하기란 불가능합니다. MBTI는 연인과의 궁합, 취업 등 중요한 일을 결정하는 척도로 사용하기에는 신뢰성이 다소 부족합니다. 가볍게 영화 취향을 얘기하듯 스몰토크의 주제로 쓰거나, 나를 표현하는 적당한 어휘가 생각나지 않을 때 참고하면 좋겠습니다. 제대로 활용하면 자신을 알아가는 하나의 수단이 되겠지만, 잘못 사용하면 자신을 가두는 감옥이 될 수도 있습니다.

'난 성격이 왜 이럴까? 성격 좀 바꾸고 싶다. 저런 성격 너무 부러워.'

이런 생각이 들 때가 있습니다. 하지만 성격을 바꾸는 건 아주 힘든 일입니다. 실패할 가능성이 높습니다. 성공한다 해도 그 과정 속에서 큰 고통이 따릅니다. 성격을 바꾸려는 시도가 오히려 자신을 괴롭히기도 합니다.

차라리 자신의 성격을 바라보는 시선을 바꾸면 어떨까요? 어떤 성격이든 장단점이 있기 마련입니다. 내성적이고 소심한 성격은 신중하며, 타인의 이야기에 귀 기울일 줄 아는 성향이라고도 할 수 있습니다. 반면, 산만하고 어수선해 보이는 성격은 호기심이 많고, 적극적인 태도의 다른 표현일 수도 있습니다.

성격이 너무 내성적이라 대화를 주도하지도, 심지어 대화에 끼지도 못할 때가 많나요? 쉴 새 없이 오가는 스몰토크에 꿀 먹은 벙어리처럼 듣고 있을 때 말입니다. 회의에서 한 마디라도 하려면 마음을 다잡고 조심스럽게 입을 열어야 하며, 주목받는 것을 극도로 싫어하는 사람도 있습니다. 걱정 마세요. 저도 그랬습니다. 지금도 그렇고, 앞으로도 그럴 가능성이 큽니다.

저는 내성적인 성격을 부끄러워했고, 활달한 사람을 보면 부럽기도 했습니다. 남들 앞에서 본인의 생각을 주저 없이 말하는 사람을 보면 내가 가질 수 없는 것이라 믿었지요. 그런데 여행 에세이 『내성적인 여행자』를 읽으며 용기를 얻었습니다. 책을 읽는 내내, 마치 작가가 제 내면을 들여다보듯 생생하게 묘사한다는 느낌을 받았습니다.

자신을 내성적인 사람이라 말하는 정여울 작가는 혼자 세계 여행을 다니며 자신의 세계를 확장해 갔습니다. 외국인에게 길도 물어봐야 하고, 식당에 가서 주문도 해야 하는데, 이건 성격의 문제가 아니었습니다. 그녀는 성격과는 무관하게 못 할 일은 없다는 걸 보여 주었습니다. 타고난 성격은 고치지 못하지만 가지고 있는 성격만으로도 할 수 있는 일이 많다는 걸 알게 되었습니다. 물론 나와 안 맞는 걸 억지로 할 필요는 없지만 적어도 성격 때문에 꼭 해야 하는 일에 대해 핑계를 대지는 말자는 다짐을 합니다.

이제는 자신감이 생겨 강의도 곧잘 합니다. 물론 스타 강연가의 강의처럼 청중을 웃겼다 울렸다 하는 수준은 아니지만 적어도 제가 말하는 바를 떨지 않고 전달할 수 있습니다. 내성적인 사람은 말이 없을 뿐이지 하고 싶은 말이 없는 건 아닙니다. 내 이야기를 외칠 수 있는 여러 창구가 열려 있습니다. 소통의 통로는 대면이 아니어도 되니 할 말은 하고 살았으면 합니다.

모든 성격은 저마다의 이유와 배경을 가지고 있으며, 각기 다른 매력을 지니고 있습니다. 그러니 우선 지금의 내 성격을 있는 그대로 받아들여 보는 것은 어떨까요?

"이 정도면 괜찮은데?"

이렇게 스스로를 인정하는 순간, 변화는 시작됩니다.

단점을 부끄러워하기보다는 차근차근 보완해 나가고 장점을 더욱 빛나게 키워 나간다면, 지금의 성격도 나만의 강점으로 바꿀 수 있습니다.

꼭 성격 자체를 완전히 바꿔야 하는 건 아닙니다. 사실 성격은 쉽게 변하지 않습니다. 하지만 성격 때문에 삶이 자꾸만 고달파지고, 원하는 일에 도전조차 하기 어려워질 때는 그 성격을 조금씩 다듬어 가려는 노력도 필요합니다. 지금의 성격을 인정하되, 더 나은 방향으로 키워 가려는 태도 속에서 진짜 변화가 시작됩니다.

MBTI 검사를 해 보셨나요? 여러분이 생각했던 성격과 검사 결과로 나온 성격 사이에는 어떤 공통점과 차이점이 있을까요?

평소 마음에 안 들던 자신의 성격을 긍정적인 단어로 바꾸면 어떤 마법이 일어날까요?

도서　정여울, 『내성적인 여행자』, 해냄출판사, 2018

영상　김경일 인지심리학자 #02 | "그건 변한 게 아니라,
　　　_이 높아진 거예요." 살면서 성격과 IQ보다 더 중요한 것은?
　　　| #어쩌다어른 #사피엔스

보이지 않는
내면의 부유함

멘털mental이란 마음, 정신의 영어적 표현입니다. 요즘은 마음이 흔들리는 상황이 많아서인지 틈만 나면 멘털 붙들라는 얘기를 자주 합니다. 그러니 '마음이 흔들리지 않은 상태, 평정심을 유지하는 것'도 강력한 재능 중 하나가 되었습니다.

멘털이 약한 사람을 두고 유리 멘털, 두부 멘털, 거기다가 쿠크다스처럼 잘 부서진다고 쿠크다스 멘털이라 부르기도 합니다. 반면에 멘털이 강하면 멘털갑, 티타튬 멘털과 같은 별명이 붙지요.

가끔은 부럽습니다. 아니, 사실 아주 많이 부럽습니다. 인공지능처럼 감정의 변화가 거의 없는 사람이 부럽습니다. 드라마 〈비밀의 숲〉에 나오는 황시목 검사처럼 감정을 잘 느끼지 못하는 멘털이 부럽기도 합니다.

K 교사는 업무 속도가 다소 느린 편입니다. 그래서 때때로 학년 부장 선생님이나 교감, 교장 선생님으로부터 조언을 듣기도 합니다. 대체로 교사들은 자신의 수업과 업무에 대해 강한 책임감과 자부심을 가지고 있어서, 누군가의 지적이 들어오기 전에 미리 스스로 챙기려는 경향이 있습니다.

하지만 K 교사는 조금 다릅니다. 지적을 받아도 허허 웃어넘기거나, 특유의 유쾌한 말투로 상황을 부드럽게 풀어갑니다. 누군가 "참 독특한 사람이네."라고 말해도, 크게 흔들리거나 위축되지 않습니다. 이런 태도 덕분에 주변을 편안하게 만드는 힘도 있습니다. 더군다나, 일의 시작은 느려 보여도 결과물은 결코 허술하지 않습니다. 오히려 한번 시작한 일에 대해서는 끝까지 책임감 있게 마무리하고, 자신만의 방식으로 완성도 높은 결과를 만들어 냅니다.

업무 처리 속도만을 기준으로 보면 아쉬워 보일 수 있지만, 그 멘털만큼은 누구보다 단단합니다. 멘털 관리에 있어서는 오히려 자신만의 영역을 굳히고, 그 안에서 성장을 위한 발판을 다져 가고 있는 듯합니다. 깊은 대화를 나눈 적은 없지만, 늘 웃으며 상황을 받아들이는 그 모습에서 배울 점이 많다고 생각하게 됩니다.

쉽게 흔들리지 않는 자세, 때론 그것이 새로운 성장의 시작이 될 수도 있으니까요.

멘털은 왜 중요할까요? 한 번 무너지기 시작하면, 일도 공부도 제대로 집중할 수 없기 때문입니다.

산전수전 다 겪은 중년들도 말 한마디에 쉽게 상처받고, 만사가 귀찮아지고 의욕이 떨어지곤 합니다. 그런데 아직 감정 조절이 완전히 숙달되지 않은 청소년은 얼마나 더 흔들리기 쉬울까요? 멘털이 흔들리면 가장 먼저 무너지기 쉬운 건 공부에 대한 마음가짐입니다. 공부를 잘해 보겠다는 초심, 그 단단한 마음이 쉽게 약해지고 흐려집니다. 책상 앞에 앉아 재미라고는 하나도 없는 공부를 장시간 이어 간다는 것, 말처럼 쉬운 일이 아닙니다.

'공부의 재미야, 제발 나에게 와 줘!' 속으로 아무리 외쳐도, "좀 해라 좀!"이라는 외부의 압박이 쏟아져도 쉽게 공부의 열차에 올라타지지 않습니다. 설령 탑승했다 해도, 공부라는 열차의 운전대를 끝까지 잡고 목적지까지 가는 건 또 다른 이야기입니다.

과속으로 달려도 위험하고, 너무 느리게 가면 도착하지 못할 수도 있지요.

자율주행 기술이 눈부시게 발전하고 있는 시대지만, 공부만큼은 자율주행이 불가능합니다. 공부는 내가 직접 운전대를 잡지 않으면 출발조차 할 수 없습니다. 대신, 스스로 공부할 수 있도록 도와주는 다양한 공부법이 속속 등장하고 있으니, 잘만 고르면 나에게 꼭 맞는 방식으로 공부할 수 있지요.

요즘은 선생님, 친구뿐 아니라, 인공지능이라는 새로운 조력자가 개인 교습처럼 도움을 주기도 합니다. 그러니 손품, 발품을 팔아서 나에게 맞는 공부법을 찾아보세요. 다만, 공부법을 찾는 데 너무 많은 시간을 쓰진 마세요. 넷플릭스에서 볼 영화를 고르다가 1시간이 훌쩍 지나간 경험, 다들 한 번쯤은 있을 겁니다. 고민만 하다 보면 결국 아무것도 못 하고, 소중한 시간만 사라집니다. 공부법을 찾는 데 시간을 허비하기보다는, 일단 시작해 보는 게 중요합니다. 잘 모르겠다면, 공부 잘하는 사람을 따라 해 보는 것부터 시작해 보세요. 모방도 훌륭한 첫걸음이 될 수 있습니다.

하지만 어떤 방식이든, 결국 공부의 운전대는 본인이 직접 잡고 있어야 합니다. 그 운전대를 오래, 안정적으로 붙잡고 가기 위해 꼭 필요한 것이 멘털 관리인 것이죠.

공부는 단거리 경주가 아니라 긴 여정을 달리는 마라톤과도 같습니다. 중간에 지치지 않으려면 마음의 컨디션을 잘 챙겨야 하고, 작은 실패에도 무너지지 않는 정서적 회복력이 필요합니다.

멘털이 무너지면 좋은 공부법도 소용없고, 큰 목표 앞에서도 눈이 흐려지기 마련입니다. 그러니 공부를 잘하고 싶다면, 먼저 자신의 마음을 돌보는 일부터 시작해 보세요.

미국의 전설적인 야구 감독 요기 베라는 이렇게 말했습니다.

"끝날 때까지 끝난 게 아니다."

지금 당장 결과가 보이지 않는다고 해서 속단할 필요는 없지요. 공부든 인생이든, 진짜 중요한 것은 끝까지 버티고 나아가는 힘이니까요.

에세이 『내 삶이 보물이 되는 순간』에서 배연국 작가는 개구리들의 짝짓기 울음소리를 통해, '힘의 안배'가 얼마나 중요한지를 들려줍니다.

작가는 개구리의 울음을 단순한 소리가 아닌, 짝짓기를 위한 단체 오디션에 비유합니다. 짝짓기에 성공한 개구리들은 장거리 마라톤 선수처럼 체력과 에너지를 전략적으로 조절한다고 합니다. 이들은 초저녁에는 몸을 풀듯 천천히 노래를 시작하다가, 한밤중이 되어 경쟁이 치열해지면 1분에 약 열 번씩 울음을 터뜨리며 자신의 존재감을 극대화합니다.

이처럼 적절한 시점에 힘을 집중하는 전략 덕분에, 이들은 치열한 경쟁 속에서도 성공적인 결과를 얻을 수 있다는 겁니다.

성공한 개구리와는 반대로 조급하게 승리의 축배를 들다 고배를 마신 사례가 있습니다. 2023년 항저우 아시안 게임 롤러스케이트 남자 스피드 3,000m 계주 결승이었습니다. 선두를 달리던 한국의 마지막 주자가 승리를 확신하며 결승선 앞에서 두 손을 번쩍 들었습니다. 그 틈을 타고 뒤따르던 대만 선수가 마지막 스퍼트를 내며 왼쪽 발을 내밀었지요. 우승을 확신하며 기뻐하던 한국 선수들은 공식 기록을 확인하고는 당혹감을 감추지 못했습니다. 대만의 기록이 한국보다 0.01초 앞섰기 때문입니다.

고등학교에 입학 후 꽃샘추위가 머무는 3월을 보내고 새소리가 들려오는 4월이 되면 진로실에 찾아오는 학생들이 있습니다.

첫 번째 부류는 학교의 교육 과정이 본인의 적성과 맞지 않다고 합니다. 직업계고등학교는 대학처럼 전공에 해당하는 학과가 정해져 있습니다. 중학교 때 생각했던 것과는 달리 그 전공의 장벽이 너무 높다는 것입니다. 일반고 학생도 중간에 자퇴를 고민합니다. 자신이 정말 대학에 가야 할지 의문이 든다고요. 수능에서 고득점

을 받고, 내신 등급을 끌어올리기 위해 하루 종일 앉아 책만 파고
드는 생활이 과연 자신의 적성에 맞는 일인지 고민하게 됩니다.

두 번째 부류는 생각만큼 성적이 나오지 않아 고민입니다. 결과
와 노력이 비례하지 않기에 어깨가 축 처지면서 자신감을 잃어 갑
니다. 공부 잘하는 친구들이 많으면 많을수록 본인의 내신 등급은
내려가니 전학을 고민하기도 합니다.

적성에 안 맞아 전공을 바꾸기 위해 전학을 가는 것은 고려할
만하지만, 내신이 안 나와서 다른 학교로 가겠다는 것은 다소 위
험한 생각입니다. 상위권 학생들은 어느 학교에나 포진해 있습니
다. 공부를 못한다고 여겼던 학교라고 해서 내 성적이 도약할 거
라는 보장은 없지요. 차라리 공부 방법을 고민하고, 가려고 하는
대학의 인재상을 분석하여 주어진 학교 환경에서 탐구력을 키우
는 것이 낫습니다. 끝날 때까지는 끝난 게 아니라며 멘털을 부여
잡고 내가 할 수 있는 한 최선을 다해 보세요.

흔들리는 멘털은 방향 감각을 잃은 롤러코스터와도 같습니다.
삶의 중심을 잡고 꿋꿋이 나아가기 위해서는 이중, 삼중의 안전장
치와 단단한 안전벨트가 필요합니다. 우리 뇌 속에는 멘털을 쉽게
흔드는 작은 조직이 있는데요. 위협에 민감하게 반응하는 편도체,
'아미그달라amygdala'입니다. 이 부위는 감정 처리, 특히 공포나 불

안 같은 부정적 감정에 민감하게 반응합니다. 낯선 소리나 상황에 빨간불을 켜고, 우리 몸을 즉각 반응하게 만드는 역할을 하지요. 소설 『아몬드』나 여러 가수들의 노래 제목에서 들어 본 적 있는 아미그달라는 실제로 아몬드 모양의 구조를 지닌 뇌의 일부분으로, 내측두엽에 자리잡고 있습니다.

뇌 과학자 질 볼트 테일러^{Jill Bolte Taylor}는 이렇게 말했습니다.

> 좌뇌에는 부정적인 생각만을 끊임없이 만들어 내는 아주 작은 세포 집단이 존재한다. 이 조그마한, 땅콩만 한 크기의 세포 덩어리는 사소한 정보 하나라도 포착하면 곧바로 그것을 부정적인 이야기로 과장해 엮어 낸다. 마치 '부정적 이야기꾼' 같다. 다른 사람의 작은 실수나 결점을 그냥 넘기지 않고 문제 삼으려 든다. 상황이 조금만 불리해져도 과거의 모든 부정적인 기억과 감정을 끄집어내 우리를 우울하게 만든다. 세상을 언제나 비관적으로만 바라보는 이 세포 덩어리 때문에 우리는 종종 삶이 힘겹고 고통스럽게 느껴진다.

이처럼 편도체는 마치 '부정적 이야기꾼'처럼 우리 안에 존재하고, 작고 미미한 존재임에도 불구하고 때로는 우리의 생각과 감정을 좌우하는 강력한 영향력을 발휘합니다.

그래서 '마음속의 괴물'이라 부르기도 합니다. 두뇌 전체 구조를 놓고 보면 아주 작은 부분에 불과하지만, 우리가 겪는 감정적 반응을 거의 지배하고 있기 때문입니다.

이런 '감정 뇌'가 파업했을 때 우리는 어떻게 대처해야 할까요? 뇌가 지치고 피로하면 공부도 제대로 되지 않습니다. 그렇다고 그냥 누워 버리면 몇 시간 동안 그대로 잠들어 버리고, 결국 해야 할 공부를 놓치는 경우도 생깁니다. 이럴 때는 공부 방법을 바꿔 보는 것도 하나의 해답입니다. 비법이라면 비법이고, 요령이라면 요령이지요.

공부를 잘한다고 해서 반드시 머리가 좋은 것은 아닙니다. 물론 뛰어난 재능을 가진 특별한 친구들도 있지만, 대부분의 학생은 비슷한 체력과 지능을 가지고 있죠.

그 차이를 만드는 건 공부할 때의 태도와 전략, 그리고 멘털을 다루는 요령입니다.

뇌가 지치고 집중이 안 되는 순간이 왔다면, '지금 나의 뇌 상태에 맞는 공부 방식은 뭘까?'를 고민해 보고 방법을 바꾸는 유연함이 필요합니다. 만약 뇌가 파업을 선언한다면 이건 어떨까요?

1. 일어서서 텍스트를 읽어 봅니다. 한 자세로 1시간 이상 공부하면 뇌는 당연히 지칩니다. 스트레칭도 할 겸 일어서서 텍스트를 읽어 보

세요. 제한된 공간에서 왔다 갔다 하면서 읽는 것도 하나의 방법입니다.

2. 소리 내어 낭독을 합니다. 물론 나 혼자 쓰는 공간에서만 가능합니다. 스스로에게 배우며, 자신과의 대화를 통해 공부하는 것이죠. 아나운서처럼 청아한 목소리로, 아니면 쥐처럼 소곤소곤 낼 수도 있습니다. 목소리를 바꿔 가며 소리 내어 읽어 보세요.

3. 글로 따라 적습니다. 중요한 부분은 연습장에 적어 봅니다. 교과서 전체를 다 적다간 펜을 잡는 손가락에 굳은살이 박일 수도 있으니 요점 중심으로 적습니다. 천천히 적으면서 뇌에 새로운 지식을 떠먹입니다.

이렇게 해도 뇌가 거부하면 잠시 쉬어 봅니다. 이때는 어쩔 수 없습니다. 바깥에 나가도 좋고, 책을 읽거나 잠을 자도 좋습니다.

강한 멘털을 가지기 위해서 나 자신에게 어떤 말을 해 줄 수 있을까요?

학생이라면 흔들리지 않아야 하는 절대적인 순간이 있습니다. 대학 수학 능력 시험을 볼 때입니다. 또한 취업 준비를 한다면 면접에서 나의 역량을 한껏 발휘해야 합니다. 그런 순간을 대비하기 위해 평소에 어떤 준비를 하면 좋을까요?

도서　김상운, 『흔들리지 않는 공부 멘탈 만들기』, 움직이는서재, 2016

　　　　헤르만 헤세, 『삶을 견디는 기쁨』, 유혜자, 문예춘추사, 2024

영상　온종일 SNS 들락날락… 이런 청소년, 충동 조절 어렵다 ㅣSBS

경로 이탈이 아닌
올바른 길을 찾아가는 과정

영국의 유명한 과학자 알프레드 윌리스Alfred Russel Wallace의 어렸을 적 이야기입니다. 그는 숲속에서 곤충을 관찰하는 걸 좋아했는데, 어느 날 나비가 고치를 뚫고 나오기 위해 몸부림치는 걸 보았습니다. 나비의 모습이 애처로워 고치를 찢어 구멍을 더 크게 만들어 주었고, 나비는 수월하게 번데기를 뚫고 나올 수 있었습니다. 소년은 내심 기대했지요. 번데기에서 나온 나비가 화려하게 날갯짓하며 비상하기를 말입니다. 나비는 쉽게 빠져나왔으나, 날개는 작고 몸도 말랐습니다. 힘없는 날갯짓을 몇 번 하더니 결국 죽고 맙니다.

나비가 시원하게 날개를 뻗을 수 있으려면 번데기에서 빠져나올 때 분비되는 액체가 날개를 충분히 적셔 주어야 합니다. 그런데 그 나비는 이와 같은 과정을 거치지 못했기에 날 수 없었던 것입니다. 소년 월리스는 그제서야 깨달았습니다. 나비가 스스로 고치를 뚫고 나와야만 저항력과 생명력을 키울 수 있다는 걸 말이지요. 나비가 고통의 시간을 견디듯, 사람도 스스로 역경을 이겨 내는 과정이 필요합니다. 그런 과정을 노래 가사에 담았습니다.

어리석은 세상은 너를 몰라

누에 속에 감춰진 너를 못 봐

나는 알아 내겐 보여

그토록 찬란한 너의 날개

영화 〈국가대표〉 OST 가사의 일부입니다. 노래 제목은 〈Butterfly〉입니다. 각종 경기에서 대한민국 선수들이 감동을 안겨 줄 때 자주 등장하는 음악입니다. 올림픽 시즌만 되면 우리들의 애국심을 끓어오르게 하는 비공식 애국가가 되기도 하지요. 크고 작은 실패를 겪을 때 이런 음악을 들으면서 벅찬 감정으로 마음을 다잡을 수 있습니다.

‘왜 나에게만 이런 불행이 오는가? 왜 나만 이런 굴욕을 당해야
하나?’

하늘이 원망스럽고, 왜 유독 나만 이렇게 재수가 없을까 싶은
순간이 있습니다. 실패의 쓴맛을 본 것이지요. 예전에는 ‘실패’라
는 단어라 상당히 부정적인 뜻으로 쓰이기도 했습니다. 실패한 사
람을 ‘루저’라며 비하하기도 했었는데요. 지금은 실패에 대한 정
의를 조금 다르게 내립니다. 승승장구하는 사람들 역시 예외 없이
쓰라린 실패를 겪은 경험이 있기 때문입니다.

어느 선생님께 우연히 들은 얘기입니다. 기간제 선생님으로 근
무할 당시, 학생들과 다양한 활동을 하고 싶었지만 선배들의 눈치
를 보느라 마음껏 활동하지 못했다고 합니다.

‘네 맘대로 행사를 진행하고 싶으면 정교사 되고 나서 하면 되잖
아.’라는 식으로 이 선생님을 무시했답니다. 오해하지는 마세요.
대부분의 선생님은 그렇지 않습니다.

그때 오기가 생겼습니다. ‘임용고시에 꼭 합격해서 하고 싶은
수업을 당당하게 하겠어!’ 지금은 학생들에게 존경받는 선생님이
되셨습니다. 진로 상담을 하다 보면 그 선생님처럼 되고 싶다는
학생들이 꽤 됩니다. 이제는 누군가의 롤 모델이 된 것입니다.

굴욕감은 사용하기 나름입니다. 사람에 따라 디딤돌이 되기도

하고, 장애물이 되기도 합니다. 실패도 그렇지 않을까요? 실패했다고 해서 '루저'라며 고개를 숙이고 다닐 필요가 없습니다.

아무리 빙글빙글 돌아도 팽이의 중심은 흔들리지 않습니다. 팽이가 회전할 때 중심이 되는 점을 구심점이라고 합니다. 원운동을 하는 물체가 받는 힘, 즉 구심력도 같은 구심점을 향합니다. 구심점이 흔들리면 전체 운동이 불안정해집니다.

사람마다 중심을 지켜 주는 구심점은 다르지만, 그 구심점을 지켜야만 흔들리는 상황에서도 스스로를 지킬 수 있습니다. 팽이 놀이를 할 때 팽이가 쓰러지려고 하면 어떻게 하나요? 팽이채로 팽이를 쳐 주면 쓰러지려 하다가도 다시 돌아갑니다.

사람은 모두 흔들리면서 인생을 살아갑니다. 평탄하게 아무 걱정 없이, 실패 없이, 역경 없이 살아가는 사람은 아무도 없습니다.

- 소중한 사람의 칭찬이나 엄격한 조언
- 스스로 깨닫고 극복하려는 마음
- 주변인들의 핀잔으로 인한 굴욕감

이런 것들이 우리가 흔들릴 때 다시 돌게 해 주는 팽이채가 됩니다.

흑역사란 본래 일본 애니메이션 〈턴에이 건담〉의 특정 시기를 가리키는 용어였습니다. 인간들의 현재가 있기까지 전쟁으로 얼룩진 과거를 일컫는 표현이었지요. 최근에는 의미가 확장되어 없었던 일로 치거나 잊고 싶을 만큼 부끄러운 과거를 뜻합니다. 학교 축제에 참가하기 위해 옷을 과하게 입었다거나, 반별 대항 축구 시합에서 꽈당 넘어진 것 등도 흑역사라 볼 수 있습니다.

거창하지는 않더라도 인생은 한 개인의 역사입니다. '리즈 시절'도 있고, 전성기도 누리겠지만 흑역사도 있기 마련입니다. 하지만 역사와 마찬가지로 흑역사로 여겨졌던 것이 시대 상황에 따라 재평가되기도 합니다. 대체로 흑역사 없이 전성기를 누리기는 힘듭니다. 흑역사가 두려워 도전하지 않는다면 전성기도 오지 않을 것입니다. 지금의 도전이 흑역사가 될지 전성기가 될지 모르니 뭐라도 한번 도전해 봅시다.

벤츠의 설립자는 카를 벤츠입니다. 최초의 가솔린 자동차를 만든 엔지니어였습니다. 그 당시 가솔린 자동차는 바퀴가 3개 달린 3륜 자동차였고, 이름은 '페이턴트 모터바겐Patent Motorwagen'입니다. 우리말로는 '특허 받은 자동차'입니다. 가솔린 자동차를 발명했으니 돈을 쓸어 담았을 것 같지만, 안타깝게도 그는 특허를 받고 난 후에도 대중 앞에 선보이는 것을 부담스러워했어요. 사람들은 그의 자동차를 두고 '기괴한 엔진 소리가 나는 괴물, 엉성하고 볼품이 없다'라며 무시했거든요. 소심한 카를 벤츠는 본인의 발명품에 자신이 없었어요. 그냥 집에서 연구만 하고 있었답니다.

이때 구세주가 등장합니다. 그의 아내 베르타 벤츠입니다. 페이턴트 모터바겐의 기능을 입증하기 위해 106km 떨어진 친정까지 12시간 동안 직접 운전했습니다. 그것도 어린 두 아들을 태우고 말이죠. 와이어와 부품 간 간섭이 발생하면 스타킹으로 고정시켰고, 연료가 떨어지면 근처 약국에서 연료를 받아왔습니다. 그 당시에는 주유소가 없어 약국에서 연료를 팔았다고 합니다. 가죽으로 만든 브레이크가 닳으면 구두 수선점에서 가죽을 얻어 수리했고요. 세 모자는 이른 아침에 출발해서 저녁이 되어서야 도착했습니다. 세계 최초 자동차 시승자가 된 순간입니다. 베르타 벤츠의 이 여정 덕분에 사람들은 페이턴트 모터바겐에 대한 부정적인 생각을 떨쳐 버렸습니다. 또한 자동차를 장거리 이동 수단으로 인정하게 됩니다.

그녀의 고생은 보상을 받았습니다. 부와 명성이 찾아왔고, 브랜드는 획기적으로 성공했으니까요. 남들이 괴물이라고 흉보는데도 남편의 발명품을 운전한 그녀에게는 무엇이 있었을까요? 바로 용기입니다. 그녀는 실패를 두려워하지 않았습니다.

자기계발 도서 『행동하지 않으면 인생은 바뀌지 않는다』에서 작가 브라이언 트레이시는 "실패하지 않는 것이 가장 큰 실패다." 라고 말했습니다. 실패는 넘어짐이 아니라, 잠시 멈춰 선 채 별을 올려다보는 시간입니다. 당장은 쓰라림으로 고통스럽겠지만, 더 나은 결과를 향해 성공이 잠시 멈춘 것뿐입니다.

실패는 마치 날카로운 손톱처럼 마음을 할퀴며, 곳곳에 깊은 상처를 내고 맙니다. 주변의 따가운 시선은 나를 향해 화살을 쏘아 댈 것입니다. 다시 도전하기란 쉽지 않습니다. 저는 실패에 의연하게 대처하라고 말로만 떠들고 싶지 않습니다. 당연히 극복해야 할 시간이 필요합니다. 그렇다고 해서 움츠리고만 있다면 어떻게 될까요? 다시 일어날 의지가 없는 사람에게는 아무도 손을 내밀지 않습니다.

도서 김주환, 『회복탄력성』, 위즈덤하우스, 2019

영상 Bertha Benz: The Journey That Changed Everything

마음의 거리를 조절하는 예술

"선생님, 이 책 좀 빌려 가도 되나요?"

수업 시간에 읽은 책이 너무 좋아 빌려달라는 기특한 학생이 있었습니다. 반짝이는 눈빛으로 제게 다가와 손을 내밀던 그 학생의 모습이 아직도 눈에 선합니다. 기꺼이 빌려주었지요. 학생이 다음 시간에 또 읽고 싶다고 했던 이 책의 제목은『데일 카네기 인간관계론』입니다.

미국 드라마 〈영 셸던〉 시즌 1, 에피소드 2에서도 이 책이 등장합니다. 주인공인 셸던은 과학 천재지만 사람의 마음을 읽는 데는 서툽니다. 인공지능이 어리고 귀여운 아이의 탈을 쓴 듯 그저 지식을 뽐내기만 하지요. 다른 사람의 감정 따위에는 관심이 없습니다.

셸던은 『데일 카네기 인간관계론』을 읽고 그 책의 조언을 실천하려고 합니다. 생애 가장 큰 도전이라면서요. 책 속에는 이런 구절이 있습니다.

사람의 이름을 기억하고 부르는 것은 그에게 가장 아름다운 소리를 들려주는 것이다.

그래서 셸던은 어떻게 했을까요? 아버지에게 말끝마다 아버지 이름 '조지'를 붙여 말합니다. 데일 카네기가 이름을 기억하고 부르라는 것을 잘못 이해하고 실천한 듯합니다. 어린아이였기에 이 모습조차도 충분히 사랑스러웠지만요. 여기에서 우리는 알 수 있습니다. 천재 소년조차 인간관계에 대한 고민과 노력을 보여 주고 있다는 것을요. 심지어 감정 표현에 익숙한 미국인들에게조차, 누군가의 마음을 얻고 소통하는 일은 여전히 어려운 일임을 보여 줍니다.

인간관계는 남녀노소를 막론하고 끊이지 않을 숙제인 듯합니다. 전 세계 1억 부 이상 판매된 초베스트셀러라고 했더니, 한 학생이 얼마를 벌었을지 계산하고 있더군요.

이 책이 인기 있는 이유는 '인간'이 어떤 존재인지 주목했기 때문입니다. 인간을 모르고서는 조화로운 인간관계를 설명할 수 없기 때문이지요. 데일 카네기는 이 점을 포착했고, 한마디로 정의합니다.

인간은 누구나 인정받고 싶은 욕구를 지니고 있다.

좋은 인간관계를 유지하지 위해서는 상대의 인정 욕구를 충족시키라는 겁니다. 그는 "다른 사람에게 진정으로 관심을 기울이는 사람은 두 달 안에 친구를 더 많이 사귈 수 있지만, 다른 사람이 자기에게 관심을 가지도록 애쓰는 사람은 2년이 지나도 친구를 사귀기 어렵다."라고 했습니다. 관계의 황금률은 '나' 자신이 아닌 '상대방'에게 있다는 겁니다.

친구 관계 때문에 고민하는 학생은 의외로 많습니다. 너무 말수가 없어 친구가 없는 경우, 너무 말이 많아 친구들이 기겁하며 피하는 경우, 사소한 말다툼으로 한순간에 마음이 돌아서며 되돌리지 못한 경우까지. 완벽한 친구를 찾으려는 기대감이 클수록 실망도 커지기 마련입니다. 공부도 잘하고, 욕설도 안 하고, 성격도 좋으면서 나에게 특별히 다정한 그런 친구가 얼마나 될까요? 완벽함의 잣대를 들이대면 모두가 약점투성이고 친해지기 힘든 친구들뿐일 겁니다.

친구들의 단점은 묻어 두어야 합니다. 잘하는 것, 장점만 들추어내 칭찬하기도 부족한 시간에, 숨어 있는 단점을 굳이 캐낼 필요는 없습니다. 내가 먼저 친구를 칭찬하면 그들도 미처 내가 몰랐던 장점을 알아봐 줄 것입니다. 칭찬을 싫어하는 사람은 없으니까요.

만약 여러분이 여태까지 학교 가기 싫다고 떼쓴 적도 없고, 괜한 엄살부리며 조퇴한다고 전화한 적도 없었다면 학교생활을 잘하고 있는 겁니다. 칭찬합니다. 공부를 열심히 해서 내신 등급을 잘 받는 것도 훌륭한 일이지만, 다양한 사람이 공존하는 학교에서 사회생활을 잘하고 있다면 이 또한 칭찬받을 일입니다.

성적으로 인한 고민은 스스로 해결이 가능하지만, 대인 관계, 사회생활에서 오는 문제는 나 하나만 잘한다고 해결되는 것이 아니기 때문입니다. 미세한 상호 작용 속에서 서로를 얼마나 잘 대하느냐에 따라 삶의 질이 크게 좌우됩니다. 사회적 기술은 인간이 지닐 수 있는 중요한 능력 중 하나이지만, 교과서가 정답을 알려 주진 않습니다. 즉, 우리가 끊임없이 찾아야 할 숙제인 거지요.

4교시를 마치고 점심의 향기를 따라 급식소로 가는 길은 즐겁기만 합니다. 그런데 다들 고개를 숙인 채 스마트폰만 들여다보며 걸어가고 있습니다. 그래도 앞사람과 안 부딪치고 목적지까지 도달하는 것이 신기할 따름입니다. 고개를 숙이고 들여다보는 스마트폰 속에는 또 다른 인간관계가 있겠지요. 하지만 소셜 미디어에서 보내는 시간은 사회적 기술을 배우는 데 큰 도움이 되지는 않습니다. 상대방을 배려하는 몸짓을 굳이 하지 않아도 자신이 사회적 접촉을 하고 있다는 착각을 만들기 때문입니다.

요즘은 SNS로 대화를 많이 하지만, 진짜 관계는 얼굴을 보고, 눈을 맞추고, 서로의 말을 들어 줄 때 생깁니다. 누군가의 이름을 기억해 주고, 불러 주고, 따뜻한 말 한마디를 건네 보세요. 상대방은 기분이 좋아지고, 마음의 문을 열 겁니다. 그게 관계의 힘입니다.

인간은 결코 '개인'으로만 존재할 수 없습니다. 본능적으로 타인과 관계를 맺으며 살아가는 사회적 동물입니다. 무인도가 아니라면 수많은 관계 속에서 살아갑니다. 함께 행동하고, 비슷한 주제로 감정을 공유하고, 얼굴을 맞대고 이야기합니다. 혼자서 싸매고 있는 걱정도 누군가에게 털어놓으면 순식간에 걱정의 화마에서 벗어날 수 있습니다.

사물 간의 거리는 물리적인 힘과 법칙에 의해 결정됩니다. 예를 들어, 자석은 서로를 끌어당기거나 밀어내는 자기력을 가지고 있고, 태양계의 행성들은 중력과 인력에 의해 적절한 거리를 유지하며 궤도를 돕니다. 너무 가까워지면 충돌하고, 너무 멀어지면 서로를 놓치고 맙니다.

그렇다면 사람 간의 거리를 유지하는 데도 법칙이 존재할까요? 어쩌면 그 거리는 심리적인 힘과 감정의 작용으로 형성되는 것이 아닐까요? 우리는 누군가에게 끌리는 인력을 느끼기도 하고, 때로는 피하고 싶은 척력을 경험하기도 합니다. 서로의 영역을 침범하지 않으면서 너무 가깝지도 않고, 너무 멀지도 않은 거리를 유지하는 것, 그것이 바로 좋은 관계겠지요.

물리적인 거리가 가깝다고 해서 마음의 거리까지 가까운 것은 아닙니다. 곁에 있어도 멀게 느껴지는 사람이 있는가 하면, 멀리 떨어져 있어도 마음만은 가까운 사람이 있습니다. 이처럼 보이지 않는 마음의 거리를 조절하는 일이 곧 인간관계입니다.

교실이라는 작은 사회 안에서도 우리는 매일 이 관계의 물리학을 경험합니다. 림태주 시인의 에세이『관계의 물리학』은 그 제목처럼, 사람 사이의 거리와 마음의 힘을 물리학의 언어로 풀어냅니다. 우주에서 별과 별 사이에 작용하는 중력, 인력, 척력 같은 물리적 힘이 사람과 사람 사이에서도 질서와 사랑의 원리로 작용한다고 말하지요.

림태주 시인은 '사이'와 '서로'라는 말을 인간이 만들어 낸 가장 아름다운 천체물리학 개념어라고 표현합니다. 관계를 우주의 법칙으로 설명하는 그의 시선은 신선하고도 놀랍습니다. 별과 별 사이에 힘이 작용하듯, 사람 사이에도 보이지 않는 힘이 존재합니다.

이러한 관점에서 보면, 인간관계는 단순한 감정의 문제가 아니라 과학이자 예술, 그리고 이해하려는 노력 자체가 우주를 탐험하는 일처럼 느껴집니다.

별들 사이에 거리와 힘이 있듯, 사람 사이에도 끌림과 밀어냄이 있습니다. 어떤 말은 서로를 가깝게 만들고, 어떤 행동은 거리를 벌어지게 합니다. 중요한 건, 서로에게 딱 좋은 거리를 찾아가는 것입니다. 그 거리 속에서 우리는 비로소 안전하고 따뜻한 관계를 만들 수 있습니다.

'아버지가방에들어가신다.'

띄어쓰기를 무시한 이 문장은 방에 들어가시던 아버지를 가방에 넣어 버립니다. 문장을 띄어 써야만 완벽하게 뜻이 전달되듯이, 사람 간의 관계에도 적당한 거리가 있습니다. 그렇다고 아예 다가가지 않는 것은 문장 자체를 쓰지 않는 것과 같습니다. 먼저 안부를 묻고, 친근함을 표현하고, 고마움을 전할 때 싫어하는 사람은 없을 것입니다.

관계의 달인이 되는 비법을 요약한다면 다음과 같습니다. 세 가지 비법을 마음에 새기고 오늘부터 실천해 보기로 해요.

첫째, 상대방과 가까우면서도 적당한 거리를 유지함으로써 서로의 영역을 존중합니다. 친구와 너무 가까워져 사소한 것에 감정이 상하기도 하고, 혹은 너무 멀어져서 서운하기도 합니다. 관계는 중력과 척력의 균형입니다. 나에게서 다른 이까지 거리가 있음을 인정해야 합니다. 나와 상대방 간에 숨 쉴 공간이 필요한 거지요. 상대방의 마음을 넘겨짚지 않고, 그만의 영역을 존중해 주어야 합니다. 그러다 보면 서로에게 상처를 주거나, 상처받는 일도 줄어들겠지요. 친구가 혼자 있고 싶어 할 때, 잠시 떨어져 있어 주는 것이 오히려 관계를 더 단단하게 만들 수 있습니다. 때로는 침묵이 가장 큰 배려가 될 수 있습니다. 편안하고 원활한 인간관계를 위해서는 선을 넘지 말아야 합니다.

둘째, 칭찬과 감사를 아끼지 않습니다. 림태주 시인은 '말의 색채'를 언급했습니다. 우리의 말은 어떤 색을 띠고 상대에게 전달될까요? 작은 일이라도 잘 해냈을 때 칭찬해 주면, 관계는 한층 더

밝고 따뜻해집니다. 반대로 단점을 지적하게 되면, 잘 유지되던 관계마저 서서히 멀어지겠지요.

셋째, 마음을 비웁니다. 상대방에 대한 기대치가 높을수록 실망감도 커집니다. 나와 다름을 인정하고 내가 먼저 바뀌려고 노력해야 합니다. 다른 사람을 개조시키는 건 세상에서 가장 힘든 일이니까요. 나부터 바꾸는 것이 가장 빠른 지름길입니다.

주변의 친구들을 둘러보세요. 그들은 어떤 장점을 가지고 있나요? 구체적으로 어떤 칭찬의 말을 해 줄 건가요?

함께 하면 좋은 진로 친구

도서 데일 카네기, 『10대를 위한 데일 카네기 인간관계론』,
카네기클래스, 책이라는신화, 2023
림태주, 『관계의 물리학』, 웅진지식하우스, 2018

영상 Young Sheldon: How to Make Friends(Season 1 Episode 2 Clip) | TBS

제2장

내 시간을 충분히 잘 활용하고 있는 걸까?

시간을 복사할 수 있는 기술

〈채널십오야〉는 나영석 PD 사단이 운영하는 유튜브 채널입니다. 그중 〈슬기로운 의사생활〉의 김대명 배우가 식당을 소개하는 콘텐츠가 있습니다. 제목은 〈맛따라 멋따라 대명이따라〉이지요. 음식 하나하나에 진심입니다. 삼겹살 한 점도 그냥 먹는 법이 없고, 삼겹살을 가장 맛있게 먹기 위해서는 미리 나오는 밑반찬에 손도 못 댑니다. 배고픈 제작진들은 반찬을 눈앞에 두고도 대명 선생의 가르침을 따라야 합니다. 제목 그대로 '맛따라 멋따라 대명이따라'입니다.

여기서는 맛있는 음식을 즐기려면, 최대한 자제할 줄 알아야 합니다. 저는 이 영상을 보면서 흔한 먹방 콘텐츠가 아님을 눈치챘습니다. 그저 음식을 입에 밀어 넣는 것이 아니라, 음식에 대한 예의를 갖춥니다. 단지 먹는 데 집중하는 것이 아니라, 함께하는 사람들에게 음식의 의미를 전하려 합니다. 음식을 먹는 시간 자체가 행복임을 느끼게 해 줍니다. 마지막으로 음식을 만들어 주신 분들에게 고마움을 잊지 않습니다.

삼겹살 하나에도 진심을 다하는 김대명 배우처럼, 우리 모두에게는 각자 나름의 '진심'이 있을 것입니다. 예를 들어, 아이돌에 진심인 사람, 골프에 진심인 사람, 수다나 공부, 축구에 진심인 사람도 있지요.

사소한 것에 진심을 다하다 보면 내가 바뀌고, 주변이 달라지며, 결국 세상도 변하게 되지 않을까요?

진심을 다하라는 말은 고전에 이미 나옵니다. 『중용中庸』은 사서오경에 속하는 경전 중 하나로, 사람이 세상을 살아가는 데 있어지녀야 할 자세와 태도를 제시하고 있지요.

영화 〈역린〉에서 정조는 자신을 우습게 여기는 신하들을 향해 『중용』 23장을 외울 수 있느냐고 물으며 그들을 시험합니다. 신하들 그 누구도 선뜻 대답하지 못하고 고개만 숙이고 있습니다. 화가 난 정조는 옆에 서 있던 상책에게 묻습니다.

"혹시 상책은 아는가?"

정조의 물음에 상책이 답변합니다.

작은 일도 무시하지 않고 최선을 다해야 한다.

작은 일에도 최선을 다하면 정성스럽게 된다.

정성스럽게 되면 겉에 배어 나오고,

겉에 배어 나오면 겉으로 드러나고,

겉으로 드러나면 이내 밝아지고,

밝아지면 남을 감동시키고,

남을 감동시키면 이내 변하게 되고,

변하면 생육된다.

그러니 오직 세상에서 지극히 정성을 다하는 사람만이

나와 세상을 변하게 할 수 있는 것이다.

'생육되다'의 사전적 의미는 '낳아서 자라게 되다' 이지만, 이 글에서는 단순히 '자라다'의 의미를 넘어섭니다. 작은 일에도 정성을 다하면, 그 정성이 점점 깊어져 다른 사람에게 감동을 주고, 결국엔 자신도 성장하며, 세상에 좋은 영향을 주는 사람으로 완성된다는 뜻이지요.

주어진 시간에 진심을 다하다 보면 남들보다 훨씬 많은 시간을 가지게 됩니다. 절대적 시간이 아니라 상대적 시간을 말하는 겁니다. 즐거운 순간에는 시간이 순식간에 흘러가 버립니다. 좋아하는 사람과 함께 있거나 보고 싶었던 영화나 책을 볼 때는 시간이 순식간에 삭제되는 경험을 합니다. 반면에 하기 싫은 일을 할 때는 시계를 자주 쳐다보며 시간의 흐름을 계산합니다.

그리스어 중에서 시간을 나타내는 대표적인 말이 '크로노스'와 '카이로스'입니다. 크로노스는 시계와 달력으로 잴 수 있는 모든 시간의 단위를 의미하며 보편적이고 객관적인 시간 개념입니다. 반면에 카이로스는 동일한 시간이라도 사람에 따라 달라지는 상대적인 시간을 가리킵니다. 어떻게 활용하느냐에 따라 달라지는 주관적인 시간입니다.

시간에도 향기가 있다면 저마다의 향기를 내뿜을 것입니다. 어떤 향기를 내뿜을지는 조향사에 따라 달라지겠지요. 진심을 다해 보낸 카이로스의 시간은 최고의 향을 내고 유난히 빛날 것입니다.

그러나 작은 일에 진심을 다한다고 하면, 꼭 빈정거리며 말하는 사람들이 있기 마련입니다.

"그게 무슨 쓸모가 있어?"

"그런다고 밥이 나오냐, 쌀이 나오냐?"

특히 노력의 가치를 무시하는 이들은 이렇게 말의 화살을 쏘아 댑니다.

"으이그, 지금 한다고 되겠어?"
"노력해 봐야 어차피 N수생 들어오면 등급은 밀려나게 되어 있 어."

이 소리는 고3 쉬는 시간, 공부에 매진하는 친구에게 비아냥거 리는 소리입니다.

친구들의 냉소적인 말투에도 아랑곳하지 않는 아이는 평소보 다 훨씬 높은 수능 등급을 받았습니다. N수생의 공격이 이 아이에 게는 통하지 않았나 봅니다. 고3 시절 가장 힘든 일이 무엇이었냐 고 이 아이에게 물었습니다. 해 봐야 안 된다는 친구들의 비아냥 거리는 소리가 가슴을 후벼팠다고 합니다. 아이러니하게도 오기 가 생겨 더 열심히 했다고 하니 결과적으로는 친구들이 도움이 된 것이지요.

이 아이처럼, 주변 사람들이 나를 믿지 않고 무시했을 때 오히 려 오기가 생긴 경험은 없으신가요? 안 된다고 할수록 마음속에서

용암처럼 끓어오르는, 의지가 활화산처럼 타오른 그런 순간 말입니다.

반면에 귀가 얇은 사람도 있지요.

'지금 시작하면 늦나 보다.'
'고3인데 성적이 오르면 얼마나 오르겠어?'

주변 사람들의 말에 쉽게 의지가 꺾이기도 합니다. 대충 하던 대로 공부하고 성적에 맞춰 대학에 가겠다며 큰 노력을 기울이지 않지요. 여러분은 어떤가요? 남들의 공격적인 말에 오기를 심어 반전의 결과로 되갚아 줄 건가요? 아니면 그들의 말에 휘둘려서 '에라, 모르겠다. 그냥 포기하자.'라고 할 건가요?

지금 여러분이 하고 있는 노력은 그 자체로 귀한 것입니다. 열심히 하나 안 하나 결과가 비슷하게 나와도 눈에 보이지 않는 미묘한 차이가 있습니다. 시간이 지나면 그 차이가 벌어져 노력의 대가를 받게 될 것입니다. 탁월함의 경지에 오를 때까지 시간이 필요한 것뿐입니다.

『그릿』의 저자 앤절라 더크워스는 이렇게 말합니다.

여러분이 지금 노력의 고통을 이겨 내고 있는 중이라면 천재에
가깝다고 보시면 됩니다. 재능을 타고 났다고 천재가 아닙니다.
노력의 가치를 알고 흔들리지 않는 사람이 진정한 천재입니다.

세상에 태어나서 한 번쯤은 치열하게 살아 봐야 하지 않을까요?
무언가에 진심을 다하다 보면 그 결과가 드러나게 됩니다.

조선시대에 물고기 덕후 정약전이 있었다면, 바다 건너 미국에
는 어니스트 헤밍웨이가 있었습니다. 건조체 문장의 대가였던 헤
밍웨이. 그가 얼마나 간결한 표현을 중시했는지를 보여 주는 유명
한 일화가 있습니다. 단 여섯 개의 단어로 자신을 울릴 수 있는 소
설을 써 보라는 친구의 말에, 그는 이렇게 썼다고 하지요.

한 번도 신지 않은 아이의 신발에는 가슴 아픈 스토리가 숨겨져
있을 것 같습니다. 화려한 수식어가 없어도 감동을 줄 수 있음을

그는 이 문장으로 증명했습니다. 이런 문장 실력을 갖춘 헤밍웨이는 낚시에 진심이었습니다. 낚시 덕후였던 그가 물고기에 대한 지식으로 어떤 명작을 내놓았을까요? 바로『노인과 바다』입니다. '나, 헤밍웨이 아직 죽지 않았다. 비난하지 마라 이것들아!'라고 하는 것처럼 보기 좋게 노벨 문학상을 수상합니다.

문득 이런 생각이 들 때가 있습니다.

'내가 지금 이 일을 정말 좋아하는 걸까?'
'내가 여기에 진심인가?'

내가 하는 일에 진심이 담겨 있는지를 확인하는 방법은 의외로 간단합니다.

첫째, 이유 없이 자꾸 생각납니다. 쉬는 날에도 문득 떠오르고, 누군가의 말을 들으며 불쑥 생각이 나고, 더 잘하고 싶다는 마음이 듭니다. 억지로 하는 마음이 아니라 마음 깊은 곳에서 피어나는 진심입니다.

둘째, 힘들어도 계속합니다. 진심이 있다고 해서 늘 즐겁지는 않습니다. 더 잘하고 싶은 마음이 있어 오히려 더 아프기도 합니다. 성장통으로 쓰라린데도 계속하고 있다면 그 일에 진심이기 때문입니다.

셋째, 남과 비교하지 않고 나에게 몰입합니다. 누가 알아주지 않아도, 박수를 치지 않아도 집중합니다. 그 일을 할 때만큼은 잘 보이려 꾸미지 않고, 편안한 옷을 입은 듯한 느낌이 든다면 진심입니다.

1학년 학생들과 이야기해 보았습니다. 모든 학생에게 똑같이 주어진 시간은 단 2분입니다. 진지한 이야기를 나누기에는 너무나 짧은, 그저 인사 정도만 나눌 수 있는 그 시간에 한 아이에게서 진심을 보았습니다.

"미국에 가고 싶어요."

단순한 바람이 아니라, 간절함이 보였습니다. 그 아이의 눈빛이 이렇게 말하더군요.

'저는 진심이에요.'

우리 학교는 연말에 학교생활이 우수한 학생을 선발해 미국 연수 기회를 제공합니다.

그 학생의 학교생활은 어떻게 펼쳐질까요?

경쟁자도 많고, 갈 길도 멀겠지만, 수업에 더 집중하며 생활 태도를 다듬지 않을까요? 진심은 사람을 그렇게 움직이게 만듭니다. 설명할 수 없지만, 모든 것을 뛰어넘게 하는 강력한 에너지가 진심 속에 담겨 있지요. 만약 그 학생이 연말의 미국 거리 어디쯤을 걷고 있다면, 어쩌면 진심이 그를 그곳으로 이끌었을지도 모른다고 조심스럽게 믿어 봅니다.

여러분의 삶 속에서 진심으로 좋아한 무언가가 있나요?

현재 '좋아하는 일'에 '해야 하는 일'을 결합하면 어떤 결괏값이 나오나요?

예) 헤밍웨이가 좋아하는 일+해야 하는 일 = 낚시+글쓰기 = 노인과 바다

함께 하면 좋은 진로 친구　○ ＿ ✕

도서　앤절라 더크워스, 『그릿』, 김미정, 비즈니스북스, 2022

영상　• [시청 따라가기] 바다와 육지의 필연적 만남♥ 대명교수님의
　　　　맛멋강의는 계속됩니다 ǀ 맛따라 멋따라 대명이따라

　　　　• [역린] 중용 영상

나를 켜켜이 쌓아 가는 시간

세상에서 가장 부유한 사람 하면 누가 떠오르나요? 그들의 재산을 계산기로 일일이 셈할 수는 없어도, '부자' 하면 떠오르는 인물들이 있습니다. 빈 살만, 빌 게이츠, 일론 머스크. 그리고 이 사람을 배놓을 수는 없겠죠. 바로 '투자의 귀재'로 불리는 워런 버핏입니다.

워런 버핏은 복리 효과를 설명하기 위해 '눈덩이'라는 표현을 사용했습니다. 눈덩이 효과 snowball effect 란 작은 규모로 시작한 일이 가속도가 붙어 큰 효과를 불러옴을 뜻합니다. 경제, 사회 분야에서 다양하게 쓰이는 용어입니다. 야구공만 하게 눈을 뭉쳐서 눈사람을 만든다고 생각해 보세요. 조그마한 눈덩이를 이리저리 굴리면 점점 커져 들기에도 버거운 무게로 늘어납니다.

> 복리는 언덕에서 눈덩이를 굴리는 것과 같다. 작은 덩어리로 시작해서 눈덩이를 굴리다 보면 끝에 가서 정말 큰 눈덩이가 된다. 나는 14세 때 신문 배달을 하면서 작은 눈덩이를 처음 만들었다. 그 후 56년간 긴 언덕에서 그 눈덩이를 아주 조심스럽게 굴려왔을 뿐이다. 삶은 눈덩이와 같다. 중요한 것은 잘 뭉쳐지는 습기를 머금은 눈과 진짜 긴 언덕을 찾아내는 것이다.
>
> – 워런 버핏

여러분의 눈덩이는 어디서부터인가요? 지금 열심히 눈덩이를 굴리는 친구도 있을 것이고, 아직 잘 뭉쳐지는 눈을 못 찾았을지도 모르겠습니다.

되돌아보면 제가 공부를 열심히 해야겠다고 생각했던 계기(눈덩이)는 전학이었습니다. 시골 초등학교에서 시내 학교로 전학을 가면서, 처음으로 공부의 필요성을 느꼈습니다. 도시 아이들이 공부를 더 잘하리라 생각하면서 공부법을 바꿔 보기도 했고, 문제집을 풀기 시작했습니다. 시골에서 전학 와서 공부 못한다는 말을 듣기 싫었나 봅니다. 학창 시절 환경의 변화가 작은 눈덩이였습니다.

교직에 입문하고서도 여러 개의 눈덩이가 찾아왔습니다. 그중 하나를 소개하자면, 시작은 학생들의 마음을 붙잡고 싶다는 마음이었습니다. 교실에서 저는 마치 잡기 놀이의 술래처럼 아이들을 좇고 있었습니다. 뛰어다니는 아이들을 잡아야 했고, 잡은 아이를 얌전히 앉혀야 했습니다. 그중 가장 중요한 것은 학생의 마음을 잡는 일이었습니다. 떠드는 아이는 조용히 시키고 싶었고, 조는 아이는 어떻게든 깨워 수업에 집중시키고 싶었습니다.

하지만 사람의 마음을 잡는 일은 거의 신의 영역입니다. 특히 이 별난 사춘기, 편도체가 불안정한 아이들의 마음은 더더욱 잡기 어렵습니다. 신이 나를 시험하려고 이 아이들을 내 앞에 보낸 게 아닐까 하는 생각이 들었습니다.

이 치열한 전장에서 이기기 위해서는 아이템이 있어야겠지요. 일단 제가 가진 아이템 중 무서운 카리스마는 제외하겠습니다. 찌푸린 인상으로 아이들을 맞이하고 싶지는 않았으니까요. 사실 인상 쓰고 군대 교관처럼 군다고 해서 무서워할 아이들도 아닙니다. 무서운 카리스마는 저의 능력 밖 영역입니다. 그런데 진로교사가 무섭게 느껴진다면, 과연 누가 편하게 진로 이야기를 꺼낼 수 있을까요?

그렇다면 아이들의 마음을 잡기 위해 진로교사가 할 수 있는 일은 무엇일까요? 시간은 좀 걸리겠지만 성실함과 오기라고 생각했습니다. 주말에 노트북을 들고 스터디 카페나 도서관으로 향했습니다. 물론 진로실에서도 틈만 나면 진로 관련 자료를 분석했습니다.

1년간 그런 생활을 하고 나니 자료가 쌓이고 수업에 자신감이 붙었습니다. 그러다 글을 쓰게 되었고, 저의 책『잘하는 것도, 하고 싶은 일도 없다는 너에게』『내 안의 인피니티 스톤을 찾아라』는 그렇게 탄생하였습니다. 잠시나마 청소년 분야 베스트셀러 목록에 오르기도 했습니다. 학생들의 마음을 잡고 싶어 교재 연구를 하고, 고민을 담아 쓴 원고가 베스트셀러까지 오르게 된 것이지요.

복리는 계산에 '지수'가 포함되어 투자금이 기하급수적으로 늘어납니다. 반면에 단리는 산술급수적으로만 늘어나지요. 매년 5%의 수익을 낼 수 있는 곳에 100만 원을 투자했다고 가정했을 때 35년 후 복리와 단리는 약 2배가 차이 납니다.

돈을 모으는 건 어렵습니다. 직장인들은 월급날이면 카드값으로 다 빠져나가고 잔액은 형편없다고 투덜거리지요. 특히 종잣돈을 만드는 게 가장 어렵습니다. 하지만 어느 정도 목돈을 모으고 나면 돈을 모으는 데 가속도가 붙기 시작합니다. 처음 1억 원이라는 목돈을 만들기는 어려워도 그 문턱을 넘어서는 순간부터 그다음 1억을 모으는 기간은 짧아지게 됩니다.

도서관에 가서 책을 쌓아 놓고 읽으며, 중요한 내용을 노트에 정리하는 시간이 저에게는 종잣돈을 모으는 과정이었습니다. 여러분도 학교와 학원에서 배우는 과정을, 미래를 위한 종잣돈을 차곡차곡 모으는 일이라고 생각해 보세요. 투자한 시간이 복리로 늘어나는 경험을 맛보게 될 겁니다. 단, 지금 당장은 눈을 굴리는 데 집중하느라 앞이 안 보일 수도 있습니다. 초조할 겁니다.

"한다고 되겠어?"
"해도 안 될 건데, 뭘."
"송충이는 솔잎을 먹어야 한다는데, 내 분수대로 살아야지 뭐."
"오르지 못할 나무는 쳐다보지도 말라고 했으니, 여기에서 만족하자."

이런 식으로 속담에 너무 충실한 삶을 살고 있나요?

적어도 자신의 능력에 한계를 두지는 말자고요. 우리의 능력을 키우기 위해서는 이것저것 다양하게 흡수해도 괜찮습니다. 솔잎만 먹고 살 순 없습니다.

시간은 흘러갑니다. 하지만 그 시간이 누구에게나 같은 의미로 다가오는 건 아닙니다. 여러분에게 1년이라는 시간이 생긴다면 무엇을 하고 싶은가요?

타고난 글재주를 지닌 작가 지망생이 있었습니다. 대학에서 법학을 공부하고 항공 예약 담당 직원으로 일하던 그녀는 1956년 겨울, 친구들에게 깜짝 놀랄 크리스마스 선물을 받습니다. 친구들이 준 선물은 그녀가 1년 동안 쓸 생활비였지요. 돈은 편지와 함께 예쁜 봉투에 담겨 있었습니다.

"네가 한 해 동안만 직장을 벗어나서 쓰고 싶은 글을 썼으면 좋겠어. 메리 크리스마스."

그녀는 1년이라는 시간을 벌었고, 친구들의 기발한 선물은 세계 문학사에 길이 남을 한 작품을 탄생시켰습니다. 그녀의 이름은 하퍼 리, 그렇게 초고가 완성된 소설은 『앵무새 죽이기』였습니다.

1년이라는 시간은 참 무섭습니다. 고등학교 1, 2학년은 겉모습은 비슷하지만 동일한 수업 활동을 했을 때 받아들이는 모습에서 큰 차이가 납니다. 아무 일도 일어나지 않을 것 같은 1년 동안 참 많은 것들이 변해 있더군요. 어쩌면 평범한 시간들이 모여 나를 바꾸는 1년이 되는지도 모릅니다. 친구들이 선물한 1년에 보답이라도 하듯『앵무새 죽이기』를 내놓은 하퍼 리처럼 말이죠. 그녀는 1년을 선물받았고, 많은 사람의 가슴속에 영원히 남을 소설을 세상에 내놓았습니다. 시간을 어떻게 쓰느냐에 따라, 그 의미는 완전히 달라질 수 있다는 것을 그녀는 보여 주었지요.

저는 점심시간에 학교 도서관에 가는 걸 좋아합니다. 도서관을 아지트 삼아 삼삼오오 즐거운 담소를 나누는 학생들도 지켜보고, 조용히 구석에서 책을 살피는 학생도 관찰하고, 신간이 나왔나 궁금하여 서가를 구경합니다.

한 아이가 도서관에서 자신의 인생 책이라며 책 한 권을 건네주었습니다. 고맙기도 하고, 다음에 만나면 책에 대한 의견을 교류하기 위해 급하게 읽었습니다. 김동식 작가의『인생 박물관』이라는 소설이었습니다. 작가는 주물 공장에서 일하며 2016년부터 온라인 커뮤니티 공포 게시판에 글을 올리기 시작했고, 2017년에『회색 인간』『세상에서 가장 약한 요괴』『13일의 김남우』를 동시 출간하며 데뷔했습니다.

『인생 박물관』의 내용은 이렇습니다. 인생 박물관에 입장하기 위해서는 특별한 과정을 거쳐야 합니다. 티켓에 날짜를 적고 베개 밑에 두면 그날을 볼 수 있지요. 영화, 드라마 등의 결말을 미리 알기 싫어서 일부러 기사도 검색하지 않는데, 인생 박물관에 들어가면 오히려 인생을 스포일러 당할 수 있습니다.

인생을 스포일러 당한다면 어떤 느낌일까요? 행복한 미래면 운명을 거스를 생각 말고 받아들이면 될 것이고, 불행한 미래면 바꿀 수 있는 기회가 생길 것입니다. 알 수 없는 미래에 대한 불안감을 덜 수 있는 최선의 장치지만, 현실적으로는 불가능하지요. 그래서 타임 슬립 드라마가 끊임없이 창조되나 봅니다.

인생이란 순간이 모이고 쌓여 지금의 나를 만들어 가는 과정인데, 미래로 점프하듯 건너뛰면 무슨 재미가 있을까요? 지금 당장은 눈에 보이지 않더라도 작은 노력들이 차곡차곡 쌓일 때 비로소 큰 변화를 만들어 낼 수 있습니다. 지금 흘린 땀방울이 모여 단단한 나를 만들고, 오늘 읽은 한 페이지가 미래의 지혜가 됩니다. 지금의 시간이 쌓여 미래가 결정됩니다. 매일 똑같이 반복되는 공부와 복습이 당장은 미미해 보이겠지만, 그것이 경험과 스펙이 될 것입니다. 미래의 나를 결정하는 것은 지금의 나입니다.

시간만 오래 들인다고 해서 결과가 쌓이는 것은 아닙니다. 축적은 단순한 양의 증가가 아니라, 다양한 방식과 과정 속에서 이루어집니다.

첫째는 지식의 축적입니다. 책을 읽고, 수업을 들으며 세상을 바라보는 시야를 넓히는 과정이지요. 머릿속 수많은 지식이 생각의 연결 고리를 만들어 줄 것입니다.

둘째는 경험의 축적입니다. 앉아서 하는 공부가 아니라 직접 부딪치면서 배우는 것입니다. 나이가 들면 기억력이 저하됩니다. 머리로 외운 것은 금방 잊어버립니다. 그런데 끝까지 남아 있는 것이 있습니다. 바로 몸으로 체득한 것입니다. 실패든 성공이든 직접 체험한 것은 인생 전반에 걸쳐 훌륭한 교과서가 됩니다.

셋째는 관계의 축적입니다. '내 주변에 있는 다섯 명의 평균이 바로 나다.'라고 하지요. 우리는 늘 환경의 영향을 받습니다. 좋은 사람들과의 인연은 눈에 띄지 않게 우리에게 스며듭니다.

고등학교 2학년 학생들의 포트폴리오를 검사했습니다. '포트폴리오'란 자신의 경험과 능력을 보여 주는 기록 모음집입니다. 지나간 시간을 되돌아볼 수 있는 중요한 자료가 되지요. 지금까지 무엇을 배웠고, 어떤 활동을 했으며, 어떤 재능이 있는지 한눈에 볼 수 있도록 정리해 둔 것입니다. 미술이나 디자인 분야에서 작가들이 자신의 작품을 모아 보여 주는 것을 포트폴리오라고 부르던 것에서 시작되었지만, 이제는 어떤 분야에서든 자신의 역량을 보여 줄 때 쓰이는 중요한 도구가 되었습니다. 성적표처럼 숫자로만 평가하는 것이 아니라, 우리가 어떤 노력을 통해 성장했는지 생생하게 보여 주는 이야기책과 같습니다. 말과 글로만 "저는 게임 개발을 잘합니다."라고 하는 것보다 게임을 개발한 포트폴리오를 보여 주는 것이 훨씬 설득력이 있겠지요.

평소에 학생들에게 활동 과정을 꾸준히 기록하라고 당부했지만, 실제로 얼마나 잘 남겨 두었을지는 의문입니다. 당면한 과제부터 해결해야 한다면, 중요하고도 긴급한 일을 먼저 해야 한다면 기록은 그다지 중요해 보이지 않습니다. 다만 시간이 흘러 자신의 공부, 경험, 감정 등을 기록하지 않아 땅을 치고 후회한다는 것이 문제지요.

다들 알아서 잘할 것 같았지만 실제로 검사를 했을 땐 당혹감을 감추지 못했습니다. 기록을 잘해 둔 학생과 아닌 학생의 차이가 너무나 컸기 때문입니다. 기록을 잘해 둔 학생들을 보면 얼마나 그 분야에 진심인지 확인할 수 있었습니다. 반면, 제때 기록하지

주제	예시
학교 공부	수행 평가 보고서, 동아리 활동 보고서, 발표 자료, 탐구 보고서, 수업 시간에 만든 작품 등
교외 활동	봉사 활동 확인서, 자격증, 각종 대회 참가 증명서 및 수상 내역 등
관심사	그림, 글씨, 사진, 연주했던 악보, 코딩 작품, 만들기 작품, 영상 편집물, 블로그나 유튜브 활동 기록 등
경험	여행 보고서, 독후감, 개인적으로 진행한 프로젝트 등

않은 학생들은 1년이라는 시간을 허비했다는 사실에 스스로 반성하는 모습을 보였습니다.

포트폴리오를 작성하는 일은 생각보다 어렵지 않습니다. 일상을 담아 두고, 중요한 순간을 기억해 둔다는 느낌으로 기록하면 됩니다. 생각보다 많은 것들을 포트폴리오에 담을 수 있습니다.

위의 모든 것이 학교생활 기록부에 기재되거나 대학에 제출할 수 있는 것은 아닙니다. 취업할 때도 많은 걸 축적해 두었다고 매번 가산점을 얻진 않습니다. 다만, 이렇게 기록함으로써 나를 알아 가는 시간을 가질 수 있습니다. 포트폴리오를 만들면서 내가 잘하는 것과 관심 있는 것, 어떤 노력을 했는지에 대해 찬찬히 돌아볼 수 있습니다. 즉, 자신을 객관적으로 바라보고 이해하는 소중한 시간을 축적하는 것입니다.

도서 하퍼 리, 『앵무새 죽이기』, 김욱동, 열린책들, 2015

안석훈·이경민·홍혜민, 『10대를 위한 워런 버핏 경제 수업』, 넥스트씨, 2023

김동식, 『인생 박물관』, 요다, 2023

영상 "어쩌면 아이디어는 아무것도 아니다" 아이디어를 혁신에 이르게 하는 것은 '축적의 과정'이다 ┃ 축적의 시간2 ① 천재는 잊어라

두 번은 없는 선물

움베르토 에코는 초대형 베스트셀러 『장미의 이름』을 쓴 소설가입니다. 또한 기호학자, 철학자, 미학자로도 활동한 세계적인 석학이지요. 소설보다는 학문에 들이는 시간이 훨씬 많다고 합니다. 당대의 천재였던 그에게 "어떻게 그렇게 많은 일을 하십니까?"라고 물었습니다.

"세상에는 틈이 많습니다."

학생들 중에서도 움베르토 에코 같은 이들이 있습니다. 학급 반장과 동아리 회장을 겸하거나, 축구를 열심히 하다가도 공부에 최선을 다하는 그런 사기캐들이 있더라고요. 이런 학생들의 공통점은 무엇일까요?

이런 친구들은 학교생활 내내 촘촘히 시간 활용을 잘합니다. 다른 아이들이 할까 말까 고민하는 동안 이미 시작해 버리고, 궁금한 것이 있으면 바로 쉬는 시간에 선생님께 질문합니다.

움베르토 에코가 말했듯이, 여러분의 24시간 중에 어느 정도의 틈이 있는지 살펴보세요. 틈이 촘촘하면 새어 나가는 시간은 줄어들 것이고, 틈이 곳곳에 발견된다면 결국 과제의 쓰나미에 휩쓸려 버리는 결과를 낳을 수 있습니다.

Someday.

"I'll do it someday."

Monday, Tuesday, Wednesday, Thursday, Friday, Saturday, Sunday.

See? There is no Someday.

It's time to ride.

미국을 대표하는 오토바이 브랜드 '할리데이비슨'의 광고 카피입니다. 언젠가는 타고 말 거라고 했지만, '언젠가'라는 요일은 없다는 말이지요.

요즘 금값이 하늘 높은 줄 모르고 치솟고 있습니다. 금은 인류에게 오랫동안 매력적인 금속으로 여겨져 왔으며, 반짝임과 희소성 덕분에 가치를 인정받고 있습니다. 하지만 금이 아무리 귀한들 지금이라는 자신의 삶과 비교할 수 있을까요? 세상에 있는 금을 다 준다고 해도 지금의 시간을 멈추거나 되돌릴 수는 없습니다. '금' 중에서도 가장 소중한 금은 '지금'입니다. 우리가 진정으로 지켜야 할 것도 지금입니다.

그럼 두 번 다시 없을 지금이라는 시간은 어떻게 지킬 수 있을까요?

첫째, 우선순위에 있는 것부터 먼저 해결합니다. 급하고 중요한 일이 있으면 뇌에서 명령을 내립니다. 하지만 손발이 움직이지 않아 우물쭈물할 때가 있습니다. 완벽하게 할 생각은 말고, 그냥 움직입시다. 물밀듯이 밀려오는 과제를 해결할 방법은 그뿐입니다. 아무리 좋은 방법을 시뮬레이션해도 움직이지 않으면 아무 소용없습니다.

둘째, 적절한 수면을 취해야 합니다. 적절하다는 것은 사람마다 다르니 6~8시간이라고 단정짓지는 않겠습니다. 또한 수면의 시작점과 끝점도 조금씩 다를 수 있습니다. 하지만 과한 수면 또는 부족한 수면이 중요한 일정을 망친다면 스스로 잠에 대해 조절할 방법을 찾거나 도움을 요청해야 합니다.

수업 중에 잠에 취한 학생을 깨울 때가 있는데, 옆에 있는 친구들이 선생님보다 더 야단입니다. "어이, 빨리 일어나."

친구들에게까지 이런 말을 듣고 있다면 그때는 분명 바꾸어야 할 때입니다.

셋째, 일정 시간만이라도 '디지털 디톡스'에 도전해 봅시다. 디지털 디톡스는 컴퓨터, 스마트폰과 같은 전자 기기의 사용을 잠시 멈추고 휴식을 취하는 것을 의미합니다. 스마트폰은 단지 문자나 통화만을 위한 수단이 아닙니다. 길을 묻고, 영상도 보고, 검색도 하기 위해서 늘 지니고 있는 필수 아이템입니다. 하지만 뭐든 과하면 부작용이 생기지요.

스마트폰이 필요하지 않음에도 손에 꼭 쥐고 있다거나, 심지어 누군가와 대화를 나누는 상황에서도 상대방을 바라보지 않고 스마트폰만 응시하고 있다면 일정 시간만이라도 스마트폰과 헤어질 결심을 해야 합니다.

넷째, 자투리 시간을 잘 활용합니다.『성공하는 사람들의 시간 관리 습관』에 자투리에 관한 설명이 있습니다. '자투리'는 옷을 재단하고 남은 조각천입니다. 자투리 시간은 활동과 활동 사이에 예기치 않게 생기는 비교적 짧은 시간입니다.

'짬, 틈, 조각, 토막 시간, 보너스 시간, 뜻밖의 기회, 적은 시간, 대기 시간'

모두 자투리 시간입니다.

오스트리아 빈의 한 음식점, 식사를 기다리던 요한 슈트라우스는 메뉴판 뒷면에 선율을 적기 시작했습니다. 그렇게 탄생한 곡이 바로 〈아름답고 푸른 도나우〉입니다.

미국의 스토우 부인은 우둔한 남편과 여러 자녀를 돌보면서 틈틈이 책을 썼습니다. 그녀는 부엌에서 입에 연필을 물고 빵을 구우면서 소설을 썼는데, 이 책이 바로『톰 아저씨의 오두막』입니다.

하루 24시간 중에서 5분의 비중은 작지만, 결코 무시할 수 있는 시간도 아닙니다. 5분이 하루를 바꾸고, 하루하루가 모여 우리의 인생을 어떻게 바꿀지 모릅니다.

다섯째, 마감 기한을 정합니다. 작가들에게 영감의 아이디어가 무엇인지 물어보면 어떻게 대답할까요?

"마감 기한."

로켓이나 유도탄 등을 발사할 때, 발사 시점을 0으로 정하고 시간을 역순으로 세는 것을 '카운트다운 countdown'이라 합니다. 영화 〈카운트다운〉에서는 생존 시간을 정해 두고 생사를 건 레이스를 펼치는데요. 일상이 지루하고 따분한 간호사 '퀸'이 생존 시간을 알려 주는 앱을 무심코 다운로드하면서 벌어지는 이야기입니다. 살 수 있는 시간이 3일밖에 남지 않았음을 알고, 이 상황에서 벗어나기 위해 필사적인 노력을 하지요.

우리의 일상을 이처럼 스릴러 영화 같은 공포로 몰아가자는 뜻은 아닙니다. 꼭 해야 하는 일이 있다면 스스로 마감 기한을 정해 보세요.

도서관에 다녀온 아들의 얼굴에 웃음이 번져 있습니다. 아들 1호는 감정이 얼굴에 고스란히 드러나는 편입니다. 아마 여러분도, 아무리 감정을 숨기려 해도 얼굴에 미묘하게 흔적이 남을 겁니다.

아들의 표정만 봐도 하루를 어떻게 보냈는지 알 수 있습니다. 공부를 열심히 했는지, 아니면 무의미한 영상에 시간을 흘려보냈는지 금세 드러나죠. 주말 내내 축구 영상을 보거나 잠만 잔 날에는 얼굴에 수심이 가득하고, 10대 특유의 이유 모를 짜증을 내곤 합니다. 하지만 그 짜증은 사실 본인을 향한 것이지요.

반대로 도서관에서 하루를 보낸 날은 전혀 다릅니다. 아침부터 책가방을 챙기고 나갔던 녀석은 마치 개선장군처럼 당당하게 집으로 들어옵니다. 그 얼굴에는 자부심 섞인 잔잔한 미소가 번집니다. 그래서 저는 쉽게 알 수 있습니다. 이 녀석이 오늘, 공부를 했는지 안 했는지 말이죠. 아들 감시, 생각보다 어렵지 않습니다.

대부분의 사람은 시간을 어떻게 보냈는지 본인도 잘 알고 있습니다. 시간을 효율적으로 쓴 사람은 희열을 느끼며 기분 좋은 에너지를 받습니다. 주어진 시간과 상황 속에서 최선을 다하는 것, 그것이 시간을 아끼고 목표에 다가가는 길입니다.

엄지손가락을 아래에서 위로 올리는 순간, 끝도 없이 콘텐츠가 쏟아집니다. 다음에는 더 재미있는 영상이 나올 것이라는 기대 속에, 방금 본 영상은 금세 잊혀지고 맙니다.

그러다 문득 '내가 지금까지 뭘 한 거지?'라는 생각과 함께 현실을 깨닫게 되고, 책을 펼쳐 보지만 좀처럼 집중이 되지 않습니다. 이미 두뇌는 5초짜리 영상에 최적화되었고, 긴 호흡의 책은 재미가 없으니까요. 생각 없이 영상만 쳐다보고 있다면 나에게 죄책감을 가져야 합니다.

벤저민 프랭클린은 미국의 건국자 중 한 명이자, 발명가이자 외교관이었으며, 자기 관리의 대가였습니다.

그는 누구보다도 시간의 가치를 소중히 여겼던 사람으로 알려져 있습니다. 그에게 시간은 단순히 흘러가는 것이 아니라, 그 사용 방식에 따라 한 사람의 삶이 결정되는 자원이었습니다.

그대의 인생을 사랑하는가? 그렇다면 시간을 낭비하지 말라.
왜냐하면 시간은 인생을 이루는 재료니까.

−벤저민 프랭클린

여러분의 인생 역시, 시간이라는 소중한 재료로 가득 차 있습니다. 그 재료를 어떻게 쌓아 가느냐에 따라, 여러분만의 멋진 삶이 만들어질 것입니다.

자투리 시간이 생겼을 때 보통 어떻게 보내고 있나요? 이 시간을 더 의미 있게 사용할 방법이 있을까요?

하루 중 가장 집중력이 좋은 시간대는 언제인가요? 그 시간을 어떻게 활용하면 더 효과적으로 목표를 달성할 수 있을까요?

자신에게 주어진 시간을 '낭비하고 있다'고 느꼈다면, 그 이유는 무엇일까요? 더 의미 있게 활용하기 위해 어떤 변화를 줄 수 있을까요?

함께 하면 좋은 진로 친구 ○ _ ✕

도서 유성은·유미현, 『성공하는 사람들의 시간관리 습관』, 중앙경제평론사, 2024

영상 • 지금 이 순간 - 홍광호

• 성장의 기회는 당신의 버려진 시간에 있다

뇌보다 몸이
먼저 반응하는 행동

우리의 몸과 마음에 붙어 있는 '나'는 누구일까요?

나는 당신을 도와 가장 큰 성취를 이루게 합니다.

당신을 묶어 가장 큰 걸림돌이 되기도 합니다.

늘 당신 곁에 있으면서도 눈에 잘 띄지 않습니다.

나는 당신의 명령을 충실히 따릅니다.

일을 맡겨 주면 빠르고 정확하게 해낼 수 있습니다.

하지만 아무 관리 없이 내버려두면 느려지고, 실수도 잦아집니다.

내 시간을 충분히
잘 활용하고 있는 걸까?

선생님은 학생들이 올바른 생활 태도를 형성하도록 도와주는 사람이라고는 하지만, 일일이 잔소리하다가는 서로가 피곤해지지요. 그래서 수업 시간에 특정 학생이 아닌 전체를 대상으로 잔소리인 듯 아닌 듯한 수업을 합니다. 그 대표적인 주제가 바로 '습관'입니다.

무라카미 하루키의 소설 『상실의 시대』에는 '인생은 비스킷 통'이라는 인상적인 비유가 등장합니다. 좋아하는 비스킷을 먼저 다 먹어 버리면, 결국 맛없는 비스킷만 남게 된다는 이야기입니다.

이 비유는 힘든 순간이 찾아왔을 때, 그것이 미래의 편안함을 위한 값진 경험일 수 있다는 지혜를 담고 있습니다.

이 깨달음을 습관의 형성에 적용해 보면 어떨까요? 우리는 종종 어렵고 귀찮은 일은 미루고, 쉽고 즐거운 일부터 하려는 경향이 있습니다. 숙제나 공부는 뒤로 미루고 게임을 먼저 하거나, 당장 달콤한 간식을 먹고 운동은 내일로 미루곤 하죠. 하지만 비스킷 이야기처럼 좋아하는 일만 먼저 해 버리면, 결국 나중에는 하기 싫은 일만 남게 됩니다.

처음에는 어렵고 꺼려질 수 있지만, 맛없는 비스킷부터 먹는 것처럼 하기 싫은 일을 먼저 해내다 보면, 어느새 그것이 습관이 됩니다. 그렇게 만들어진 습관은 삶을 더 자유롭고 즐겁게 만들어 줍니다.

돌이켜 보면 그랬습니다. 수업 준비를 제대로 하지 않은 날은 출근하기가 싫었습니다. 공문 처리 기한이 임박하니 머리가 하얘지고 손이 덜덜 떨렸습니다. 지구가 멸망하지 않는 이상 그날이 오면 해야 함은 마땅한데 왜 하기가 싫은 걸까요? 지금 해 두면 내일이 편해질 텐데 왜 하지 않았을까요?

저는 미루기도 습관이라고 봅니다. 미루기 습관을 고치고 나니 행복한 세상을 마주하게 됐습니다. 남들이 미뤄 둔 일을 처리하느라 분주할 때 나를 위한 보상의 시간을 가집니다.

에세이 『너에게 시시한 기분은 없다』는 뇌에 관한 이야기로 시작됩니다. 일부 뇌 과학자들은 뇌에서 불과 2%밖에 안 되는 영역이 나와 남과 차이를 만든다고 말합니다. 즉, 나머지 98%는 같다는 뜻입니다. 사물을 구별하고, 아름다움을 추구하고, 두려운 것을 싫어하는 등의 것들은 모든 인간이 문화적 경험으로부터 공통으로 물려받았다는 것이지요. '나만의 것'은 뇌의 2%가 알려 주는 것입니다.

작은 차이, 미세한 변화, 사소한 사건이 추후 예상하지 못한 엄청난 결과로 이어지는 현상을 '나비 효과'라 하지요. 후위에하이가 쓴 물리학 이야기 『아인슈타인과 논쟁을 벌여봅시다』에서는 이렇게 설명하고 있습니다.

남아메리카에 사는 나비의 날갯짓이 연쇄 반응을 일으켜 미국 텍사스주에 거대한 파괴력을 지닌 폭풍을 일으키는 현상을 뜻한다. 나비가 날갯짓을 하는 순간 기류는 작은 회오리 모양으로 요동치고, 주변 1세제곱미터 범위 내의 기체 균형을 깨트린다. 이처럼 작은 움직임이 평온했던 공기의 흐름을 깨트리고 더욱 넓은 범위의 기체 유동을 일으키며 점차 확대되어 가다 결국 지구 반대편에 큰 폭풍을 일으키

나비 효과는 과학 이론이지만 사회 현상을 설명하는 광범위한 용어로 사용되고 있습니다. 아주 사소한 행동이나 사건이 거대한 변화를 일으킬 때 사용합니다. 초깃값의 미세한 차이에 의해 결과가 완전히 달라짐을 보여 주는 것이죠. 일상에서 느끼는 초깃값, 즉 작은 차이는 바로 습관입니다.

2024 파리올림픽 양궁 개인전, 한국의 김우진과 미국의 브래디 엘리슨의 맞대결을 보셨나요? 양궁이 이렇게 흥미진진한 스포츠였음을 새삼 깨닫게 해 준 인상적인 승부였습니다.

바람을 뚫고 날아간 화살이 과녁을 맞췄을 때, 점수가 10점인지 9점인지를 가리기 위해 돋보기까지 동원되는 장면을 숨죽인 채 지켜봐야 했습니다. '한국이니까 당연히 금메달이겠지'라고 생각할 수도 있지만, 미국의 브래디 엘리슨도 결코 만만치 않았습니다.

결국 승부는 쉽게 나지 않았고, 슛오프로 이어졌습니다. 슛오프란, 사격이나 양궁 등에서 동점일 경우 우승자를 가리기 위해 화살 한 발로 승부를 겨루는 방식입니다. 축구로 치면 승부차기 같은 순간이죠. 그 쫄깃한 상황 속에서, 지켜보는 이들은 저절로 두 손을 모아 기도하게 되는 그런 경기였습니다.

김우진이 먼저 화살을 쐈고, 화살은 아슬아슬하게 10점에 꽂혔습니다. 만약 미국 선수가 같은 10점을 쏘더라도 화살이 더 정중앙에 가까우면, 금메달은 그의 품으로 넘어갑니다.

그 긴장감 넘치던 순간, 김우진의 심박수는 90을 오르내리는 수준에 머물렀습니다. 이것은 단순한 기록이 아닙니다. 신체적으로 전혀 흔들림 없이, 극한의 압박 속에서도 자신의 중심을 잃지 않는다는 뜻이지요. 그의 강한 멘털은 '남들과 다른 2%'의 차이란 무엇인지 보여 줍니다. 어떠한 상황에도 흔들리지 않는 마음의 힘, 그것이 진짜 실력일지도 모릅니다.

결국 미국 선수가 쏜 화살은 10점과 9점의 경계선에서 아슬아슬하게 10점 선을 넘지 못해 9점에 꽂혔습니다. 0.1mm 차이, 그 미세한 간극이 금과 은을 갈라놓았습니다.

물론 은메달을 딴 미국 선수 역시 훌륭한 경기력을 보여 주었습니다. 만약 그 순간 바람이 조금만 더 10점 쪽으로 불었다면, 결과는 달라졌을지도 모릅니다. 이 경기를 보며 저는, '미세한 차이'가 얼마나 큰 결과를 만들어 내는지 다시금 실감했습니다.

양궁에서는 화살 한 발의 미세한 오차가 승패를 결정짓습니다. 그리고 일상에서는 초깃값이 삶의 방향을 바꿔 놓기도 하지요.

작은 차이가 지금의 나를 만들었습니다. 저는 그 작은 차이의 이름을 '습관'이라 부릅니다.

영국의 시인이자 번역가인 존 드라이든은 "처음에는 우리가 습관을 만들지만, 그다음에는 습관이 우리를 만든다."라는 말을 했습니다.

그렇다면 청소년기에는 어떤 습관을 지니면 좋을까요?

첫째, 기록해야 합니다. 일상을 기록하는 힘은 아이언맨의 슈트처럼 나의 약한 점을 보완해 줍니다. 전혀 기억나지 않던 것들을 소환합니다. 외장 메모리를 탑재하는 격이지요.

예전보다 수업 중에 메모하는 학생이 눈에 띄게 줄었습니다. 책, 문제집, 자습서, 인터넷 강의 등 정보가 넘쳐 나니 수업 내용을 철두철미하게 기록하는 학생은 극히 일부입니다. 하지만 직접 손으로 힘주어 쓴 필기만큼 애정이 가는 수업 자료는 없지요. 남의 필기를 빌려서 기록하더라도 내가 의도한 만큼의 수확을 거둘 수 없기에 더 값진 나만의 자료입니다.

기록은 노트, 다이어리에만 하는 것은 아닙니다. 블로그, 노션 등의 온라인 플랫폼을 활용하여 자유자재로 기록할 수 있습니다. 각종 아이디어는 사진과 함께 기록해 두고 포트폴리오 자료로 활용하면 됩니다. 창의성을 요구하는 프로젝트에서도 머리가 복잡할 때, 반대로 아무 생각이 나지 않을 때 내가 저장한 자료들을 보면서 새로운 아이디어를 떠올릴 수 있습니다.

기록하는 습관은 까맣게 잊고 묵혀 둔 예금 이자와 같습니다. 시간이 지나 펼쳐 보면 엄청난 이익을 안겨다 줄 것입니다.

둘째, 미루지 않는 것입니다. '비가 오지 않으면 밖에 나가 20분을 달리겠다.'라는 다짐을 했다면, 생각할 필요도 없이 무조건 운동화를 신고 나가야 합니다.

'오늘은 체육 시간에 많이 뛰었으니까.'
'오늘은 많이 못 먹었으니까.'
'오늘은 뛸 기분이 아니니까.'

이런 식의 핑계를 대다 보면 하루이틀이 무너지고, 달리는 습관도 사라지게 됩니다.

시작이 반이라고들 하지만, 어쩌면 90% 이상일지도 모릅니다. 일단 시작만 하면, 그다음은 의외로 술술 풀리니까요.

셋째, 무리하지 않습니다. 작은 습관부터 시작합니다. 습관을 만들기 위해서는 시간과 노력이 필요합니다. 과욕을 부리면 지칩니다.

‘오늘부터 공부 시간을 2시간 늘릴 거야.’

‘오늘부터 저녁을 굶고 다이어트를 할 거야.’

‘오늘부터 스마트폰을 안 볼 거야.’

내 몸과 협상도 하지 않은 무모한 의지는 금방 꺾입니다. 마음만으로는 습관을 바꿀 수 없습니다. 몸이 먼저 반응하는 것이 습관입니다. 서서히 바꾸어야 합니다. 내 몸이 감당할 수 있을 만큼 조금씩 변화해야 합니다.

성공한 사람들의 공통적인 습관은 무엇이라고 생각하나요?

하루를 더 알차게 보내기 위해 바꾸고 싶은 습관이 있다면 무엇인가요?

함께 하면 좋은 진로 친구 ○ _ ✕

도서 제임스 클리어, 『아주 작은 습관의 힘』, 이한이, 비즈니스북스, 2019

영상 흑백요리사 안성재 소름돋는다는 행동들ㄷㄷ

마음먹은 생각이
썩기 전에 행동으로 옮기자

"아는데요. 저도 다 알고 있어요."

미래를 위해서 무얼 할지 알고 있다는 학생입니다. 머릿속에는 선생님보다 더 많은 생각이 들어 있고, 계획도 거창합니다. 문제는 수업 시간에 잠만 자고, 쉬는 시간에는 영상만 들여다보는 것이지요. 알고 있지만 하지 않는 것은 아는 것일까요, 모르는 것일까요?

새벽 3시, 귓가에 울리는 모깃소리에 잠에서 깨어났습니다. 모기를 잡을까 말까 고민하다가 30분이 지나갔습니다. 잠을 설치면 오늘 하루가 힘들거라 걱정만 하다가 또 30분이 흘렀습니다. 반쯤 깨어 있던 의식은 완전히 각성하여 더 이상 잠을 청할 수 없게 되었지요.

'물 테면 물어 봐라. 난 계속 잘란다.'라며 이불 뒤집어쓰고 다시 잠을 청했더라면 어떻게 되었을까요? 반대로 모깃소리를 듣자마자 살충제를 뿌리거나, 잠이 깬 김에 책을 보거나 글을 썼다면 어땠을까요? 모기는 이 세상에 없어져야 할 종족이라는 분노와 함께 소중한 새벽에 이런저런 생각으로 잠을 설쳤습니다.

'할까 말까?' '될까 안 될까?' 등의 고민과 걱정으로 시간을 낭비한 적이 있지 않나요? 돌이켜 생각해 보면 아무런 행동 없이 발만 동동 구르는 것보다 '에라, 모르겠다'가 나았던 것 같습니다.

아이들이 어렸을 때, 놀이동산에 간 적이 있습니다. 한참 신나게 놀고 있는데, 갑자기 굵은 소나기가 사정없이 쏟아지기 시작했습니다. 비를 피하려 근처 가게에 들어가 음료수를 주문하고, 비가 그치길 기다렸지요.

그런데 야속하게도 비는 그칠 기미를 보이지 않았습니다. 기껏 놀이동산까지 와서 비만 구경하다 가겠구나, 한탄하고 있을 때였습니다. 바로 옆 선물 가게에서 우의를 팔고 있는 게 보였습니다.

하나씩 우의를 챙겨 입고, 우리는 빗속으로 나갔습니다. 웅덩이에 고인 빗물은 작은 연못이 되었고, 거세게 쏟아지는 물줄기는 마치 폭포처럼 시원하게 느껴졌습니다. 아이들은 첨벙거리며, 놀이기구보다 더 신나게 뛰어놀았습니다. 놀이기구를 탈 때는 기다림과 더위에 지쳐 인상만 쓰던 녀석들이, 빗속에 들어가자 오히려 얼굴에 생기가 돌았습니다.

그때 입었던 우의는 아직도 가지고 있습니다. 비에 맞서 빗속으로 들어갔던, 소중한 기억이 깃든 물건이라 쉽게 버릴 수 없었거든요.

살면서 크고 작은 비가 내릴 것입니다. 인생은 우리에게 청량한 날씨만을 내어 주진 않습니다. 이슬비부터 소나기까지 무수히 많은 걱정거리를 안겨다 줍니다. 어떨 땐 차라리 맞서는 게 편합니다. 피하기 위해 안간힘을 쓰다가 나를 소진시키지 말고, 맞서면서 해방감을 느끼는 것도 하나의 방법입니다.

오마에 겐이치는 피터 드러커, 톰 피터스와 함께 현대의 사상적 리더로 불리는 현대 경영의 지도자 중 한 명으로 꼽힙니다. 일본 최초의 원격교육 경영대학원을 설립하여 인재 양성과 교육 사업에 힘쓰고 있는데요. 그의 어록을 모아 놓은 책, 『난문쾌답』에는 이런 내용이 나옵니다.

해야 할 일이 있다는 것도 알고, 빨리 실행해야 함도 인지하고 있지만 어떻게 시작해야 할지 모를 수도 있습니다. 많은 사람이 '그냥 하라'고 합니다. 그중 한 명이 무라카미 하루키입니다. 일본을 대표하는 세계적인 소설가이며, 하루키의 신작이 나올 때마다 서점에서 사전 예약 1위를 기록할 만큼 한국에서도 폭발적인 인기를 누리고 있습니다.

그는 '피터캣'이라는 재즈 카페의 주인이었습니다. 대학생 때 결혼을 하고 생계를 꾸리기 위해 이 가게를 열었습니다. 이런 하루키가 글을 쓰게 된 건, 정말 우연한 계기에서 비롯되었습니다. 그가 운영하던 가게 근처에는 야구장이 있었는데, 일이 없는 날이면 외야의 잔디밭에 앉아 경기를 보곤 했지요. 그러던 어느 날, 시원하게 날아가는 2루타의 공을 바라보다가 문득 이런 생각이 들었다고 합니다.

"도스토옙스키나 발자크에 필적할 가망은 없겠지만, 뭐 그래도 상관없잖아."

　야구를 보고 돌아오는 길에 문구점에 들러 원고지를 샀습니다. 가게 영업이 끝나면 글을 쓰기 시작했습니다.

무엇을, 어떻게 써야 할지 몰랐다. 다만 쓰고 싶은 것을 '오늘은 여기까지' 하는 심정으로 날마다 조금씩 썼을 뿐이다.

－무라카미 하루키

　'작정'이란 어떤 일을 하기로 결정하는 것이고, '작심'이란 마음을 단단히 먹는다는 뜻입니다. 하루키는 작가가 되기로 마음만 먹은 것이 아닙니다. 매일 조금씩 썼기에 이름을 날리는 작가가 된 것입니다. 마음만으로는 부족함을 알 수 없습니다. 결심만으로는 절대 아무것도 해낼 수 없습니다.

　"스트레칭할 때 무슨 생각을 하세요?"
　"무슨 생각을 해. 그냥 하는 거지."

　김연아 선수의 대답입니다. 담담하게 던진 이 말 한마디는, 지금도 인터넷에서 짤로 돌아다니며 회자되고 있지요.

공부하기 전에 책상도 치워야 하고, 연필도 깎아야 하고, 노래도 몇 곡 들어야 하고, 편한 옷으로 갈아입어야 하고, 계획도 세워야 하고, 간식도 준비해야 하고, 친구에게 온 메시지에 답장도 해야 한다면, 공부를 시작하기 전에 이렇듯 이유와 핑계가 많다면 김연아 선수의 말을 떠올려 보세요.

공부를 하기 위한 완벽한 준비는 없습니다. 김연아는 그냥 했고, 하루키는 매일 썼고, 나이키는 'Just do it'이라고 외쳤습니다.

샤워하는 데 1시간이 넘게 걸린다는 사람이 있습니다. 모공의 때까지 없애다 보니 시간이 오래 걸리는 걸까요? 시간이 오래 걸리는 이유는 우리의 예상을 빗나갑니다. 마음먹는 시간이 1시간이고, 샤워하는 시간은 12분이랍니다.

가끔씩 미루는 저의 모습을 보는 것 같아 웃었습니다. 그리고 새겼습니다. 마음먹는 시간은 줄이고 실행하는 시간을 늘려야겠다고 말이죠.

개그맨 문세윤은 "부먹, 찍먹 고민할 시간이면 1개라도 더 먹을 수 있다."라는 명언을 남겼습니다. 쓸데없이 고민하는 시간을 줄이자는 그의 한마디가 철학자의 명언보다 더 기억에 남습니다. 개그맨 김준현은 "인생은 고기서 고기다."라는 명언을 남겼습니다.

그렇습니다. 어차피 인생은 거기서 거기입니다. 그러니 생각만 하지 말고, 일단 움직여야겠습니다.

생각이 우선이냐, 행동이 우선이냐에 따라 크게 두 가지 인간형으로 분류할 수 있습니다.

1. 햄릿형 인간: 우유부단하고, 결정 장애가 있고, 실행력이 약한 유형
2. 돈키호테형 인간: 현실은 무시하고 분별없이 행동부터 앞서는 유형

직장에서 인정받는 '일잘러'는 두 가지 성향을 골고루 가지고 있으며, 적재적소에 그 성향을 발휘합니다. 같은 사람이라도 어떤 경우에는 햄릿이, 또 다른 경우에는 돈키호테가 되기도 하지요.

저는 업무를 볼 때 돈키호테에 가깝습니다. 어차피 해야 하는 일입니다. 제 일을 남이 대신 해 주지 못합니다. 날아오는 화살을 칼로 쳐내듯 재빨리 해냅니다. 생활기록부 작성, 수업 연구, 공문 기안 등을 다른 선생님께 맡길 순 없습니다.

하지만 업무와 별개로 개인적인 일에는 햄릿에 가까운 편이지요. 말을 조심해서 하고, 문자를 보낼 때도 여러 번 고심 끝에 보냅니다. 주워 담을 수 없기 때문이지요.

인간관계에서 머뭇거리는 스스로가 가끔은 마음에 들지 않지

만, 뱉어 놓고 후회하는 것보다는 차라리 속으로 삼키고 마는 것이 다행일 때도 많습니다. 실행력은 자기계발이나 업무, 공부에서는 통하지만 다른 사람과의 관계에서는 잠깐 멈출 필요도 있지요. 0.1초만 더 생각한다고 해서 기회가 사라지는 건 아니니까요.

한 대학교수가 인생의 교훈을 이렇게 요약했다고 합니다.

갈까 말까 할 때는 가라.

살까 말까 할 때는 사지 마라.

말할까 말까 할 때는 말하지 마라.

줄까 말까 할 때는 줘라.

먹을까 말까 할 때는 먹지 마라.

실행력의 칼을 언제 뽑을지 감이 오시나요? 오븐으로 요리를 하려면 예열이 필요합니다. 시간을 두고 푹 익히는 요리라면 오븐을 사용하겠지만, 전자레인지로 30초만 데우면 되는 음식은 굳이 오븐을 쓸 필요가 없지요. 그럴 때마다 오븐을 사용하다간 기다림에 지쳐 내 머리에 스팀이 나올지도 모릅니다.

공부를 하기 위해, 친구에게 사과하기 위해, 과제물을 제출하기 위해 예열할 시간이 필요할까요? 생각났을 때 바로 실천하는 것,

그것이 실행력입니다. 달콤하고, 안락하고, 편안한 공간에서 박차고 나와야 합니다.

두 종류의 실패하는 사람이 있다.

생각만 하고 실천하지 않는 자와

실천은 하되 생각하지 않는 자이다.

–로렌스 J 피터, 전 콜롬비아대학 교수

나는 꿈과 비전이 없는 사람을 쓸모없다고 생각해 왔지만, 자신의 꿈과 비전을 조금이라도 실현하기 위해 행동을 바꾸려는 노력을 하지 않는다면 그 역시 쓸모없는 사람이다.

–시어도어 루스벨트, 미국의 26대 대통령

지금 하지 않으면, 영원히 하지 못할 수도 있습니다. 완벽한 순간을 기다리지 말고 지금 바로 움직이세요. 시작이 반이 아니라 전부입니다.

실행력을 높이기 위한 방법에는 어떤 것이 있을까요?

첫째, 큰 목표보다는 작은 목표부터 시작합니다.

(예시) • 책 한 권 끝내기 → 한 챕터 읽기

　　　　• 운동 열심히 하기 → 하루 5,000보 걷기

　　　　• 시험공부 계획 짜기 → 일단 10분만 공부하기

둘째, 완벽하게 준비한다는 생각을 버립니다.

지나치게 오래 고민하는 일은 실행력을 떨어뜨리는 지름길입니다. 각종 정보를 탐색한 후 최적의 조건에서 시작하자는 생각을 버리고, 바로 시작하세요.

(예시) • 완벽한 공부 계획과 자료 찾기 → 가방에 책을 넣고 일단 도서관으로 향하기

　　　　• 해야 할 일 포스트잇에 적어 두기 → 적기 전에 시작하기

셋째, 데드라인dead line을 정해 두세요.

데드라인은 넘어설 수 없는 마지막 한계입니다. 데드라인이 없으면 차일피일 미루게 됩니다.

(예시) • 자정까지 수행 평가 완성하기

　　　　• 1시간 안에 발표 자료 준비하기

　　　　• 주말에 방 정리하기

고3 칠판에 어김없이 적혀있는 'D-100'은 수능까지 100일이 남았다는 뜻이겠지요.

'D-day'는 원래 군사 용어였습니다. 제2차 세계대전, 연합군이 노르망디 해변에 상륙하기 위해 정한 진격 게시일이었지요. 이제는 군사 작전이 아니라 일상에서 흔히 쓰는 말입니다. 일상을 매번 긴장하며 살 필요는 없지만, 해야 할 일이 쓰나미처럼 몰려와 쳐내야 하는 상황은 끊임없이 이어집니다. 과제 지옥에 빠지기도 합니다.

과제의 늪에 빠지지 않으려면 차근차근 둑을 쌓아 놓아야 합니다. 스스로 시간 관리를 하면서 날짜를 정해 두고 일을 처리해야 합니다. 어차피 내가 할 일을 남에게 맡기지는 못하니까요. 오늘 할 일을 내일로 미루지 말고, 오늘의 일을 내일의 나에게 떠넘기지는 말자고요. 틈틈이 자투리 시간을 만들어 내일 할 일도 미리 해 두면 여유롭게 밀려오는 과제를 처리할 수 있습니다.

실행력이 강한 사람과 약한 사람의 차이는 무엇일까요?

오늘 바로 실행할 수 있는 목표는 무엇인가요?

함께 하면 좋은 진로 친구　○ ＿ ✕

도서　오마에 겐이치, 『난문쾌답』, 홍성민, 흐름출판, 2012

영상　김연아 "무슨 생각을 해… 그냥 하는거지"

바람처럼 지나가지만 오래도록 남아 있는 흔적

벚꽃은 자그맣고 하얀 꽃잎들이 힘을 한데 모아 일제히 피었다가 봄바람에 홀연히 떨어집니다. 사람들은 이 순간을 놓칠세라 카메라 서터를 누릅니다. 그렇게 우리 앞에 잠시 왔다가 사라지는 벚꽃 덕분에 우리는 내년의 봄날을 기대하지요.

대학교 1학년 때, 학교 농구 대회 결승전이 열렸습니다. 영어교육과 동기 다섯 명이 과 대표로 경기에 출전했습니다. 그들은 마치 〈슬램덩크〉의 주인공이라도 된 듯, 불꽃 슛을 날렸습니다. 경기를 지켜보던 우리도 어느새 만화 속 장면에 빨려 들어간 듯 몰입하게 되었고, 결과는 당연히 우승이었습니다.

슬램덩크 주인공처럼 행동하던, 소위 '오타쿠 같은 녀석들'을 누가 당해 낼 수 있었을까요? 제가 출전한 경기도 아닌데, 그 순간은 아직도 생생합니다.

그 다섯 명의 동기는 사실, 사범대 생활에 잘 어울리지 않는 '아싸'들이었습니다. 대학에 입학해 선생님이 되기 위한 학과 생활에는 좀처럼 적응하지 못했고, 늘 엉뚱한 데서 빙빙 맴돌았죠. 선배들은 그들을 싸잡아 '버릇없는 것들'이라며 못마땅해했고, 사실 그들의 캐릭터는 영어교육과라는 공간에 쉽게 흡수되지 않았습니다. 기름처럼 진한 농도를 가진 그들은, 물처럼 흐르는 사범대 분위기와 섞이기 어려워 보였습니다. 물론, 이것은 그저 곁에서 바라본 제 느낌일 뿐입니다. 대놓고 물어보진 못했어요. 왜 그렇게 사냐고 툭 던진 잔소리가 전부였습니다.

지금 생각해 보면, 사실 그런 말을 할 자격도 없었던 것 같습니다. 어쩌면 저는, 선생님이 되기도 전에 이미 '직업병'을 앓고 있었는지도 모르겠습니다.

농구 만화 〈슬램덩크〉의 주인공 강백호의 일본 이름이 너무나 매력적입니다. 사쿠라기 하나미치桜木花道. '사쿠라기'는 화려하게 피고 순식간에 꽃잎을 날리면서 지는 벚꽃을 뜻하고, '하나미치'는 가부키 용어로 무대 좌측에서 배우들이 출입하는 통로, 가부키 배우들이 연기가 끝나고 팬들에게 꽃을 받으며 퇴장하는 길을 의미합니다. '화려하게 꽃 피우고 퇴장한다'라는 뜻이니 얼마나 매력적인가요? 〈슬램덩크〉의 내용을 모르더라도 강백호의 성장과 퇴장을 이름으로 알려 주는 기가 막힌 네이밍입니다.

누구나 불꽃 슛을 날리는 시기가 있습니다. 그 시기가 10대, 20대라는 법은 없지요. 한때 남들이 알아주지 않고 방황을 했더라도 자신의 벚꽃길을 따라 다들 잘 걸어가고 있습니다.

크고 작은 질문의 답을 찾아가다 보면 작은 성취감들이 모여 일제히 벚꽃처럼 피어날 것입니다.

인생의 젊은 시절을 청춘이라고들 하는데, 젊다는 것은 단지 신체적인 상태만 의미하지는 않을 것입니다. 특정한 시기가 아니라 인생을 대하는 태도에 청춘이라고 이름을 붙이고 싶습니다.

만사 귀찮다는 듯 행동하는 학생들을 종종 볼 수 있는데요. 그럴 때마다 이 시를 들려주고 싶습니다. 1950년 70세의 나이에도 인천 상륙 작전을 지휘한 맥아더 장군이 좋아했던 시이기도 합니다. 장군은 집무실에 워싱턴과 링컨의 사진과 함께 이 시를 걸어두고 암송했다고 합니다. 새뮤얼 울만의 〈청춘〉이라는 시의 일부입니다.

우리는 흔히 청춘을 나이로 구분합니다. 그래서인지 기왕이면 나이보다 어려 보이기를 원하고, '동안 외모'는 최고의 칭찬으로 여겨지곤 하지요. 하지만 동안은 겉으로 드러나는 젊음일 뿐, 진정한 청춘은 마음속에 있습니다. 새뮤얼 울만은 청춘을 '나이'가 아닌 '마음의 상태'라고 말했습니다. 주름이 늘고 세월이 흘러도, 열정과 상상력, 용기와 희망을 잃지 않는 사람은 여전히 청춘이라는 것이지요.

혹시 여러분의 마음속에 깊은 주름이 새겨져 있진 않나요? 삶에 대한 호기심을 잃고, 새로운 도전을 두려워하며, 작은 어려움에도 쉽게 포기하고 있진 않나요? 여러분의 청춘이 오래도록 지속되기를 바랍니다. 나이와 상관없이 열정, 용기, 희망을 잃지 않는다면, 여러분은 언제까지나 삶의 주인공으로서 빛나는 청춘을 살아갈 수 있습니다.

이 시를 검색하면 꼭 함께 언급되는 작품이 있습니다. 바로 세계적인 건축가 안도 다다오의 〈청춘의 사과〉입니다. 앞서 언급한 새뮤얼 울만의 시 〈청춘〉에서 영감을 받았다고 하지요. 3m 높이의 풋사과에는 일본어로 '영원한 청춘에게'라는 문구가 쓰여 있습니다. 권투 선수 출신으로 독학으로 건축을 공부한 그는 암에 걸려 장기를 다섯 개나 떼어 내야 했습니다. 그래도 '살아 있다'라는 마음으로 일을 했고, 목표만 있다면 나이에 상관없이 모두 청춘이라고 강조했습니다.

아마 안개 속에서 길을 찾지 못하고 방황하는 사람도 있을 겁니다. 저 역시 지금 가고 있는 길이 정답이라고 자신 있게 말하긴 어렵습니다. 청춘은 그런 것 같습니다. 정의되지 않은 무한한 가능성을 가지면서 동시에 확실한 정답은 얻지 못하는 것. 흘러가는 시간은 잡을 수 없지만, 마음의 시간까지 흘려보내지는 말았으면

좋겠습니다. 여러분의 인생은 이제 시작이고, 청춘이라는 기차에
올라탔기 때문입니다. 마음속에 푸른 사과 하나쯤 품고서, 평생
청춘으로 살아가길 바랍니다.

 제2장

여러분은 청춘의 시기에 있습니다. 그렇다면 여러분이 할 수 있는 가장 큰 도전은 무엇인가요?

성장하는 사람과 멈춰있는 사람의 차이는 무엇인가요? 여러분은 지난 1년 동안 얼마나 성장했나요?

도서　이재은, 『오늘 가장 빛나는 너에게』, 더퀘스트, 2024

영상　세계적인 건축 거장 안도 타다오…사과를 앞세운 이유는
　　　　ㅣSBS 8 뉴스

제3장

스스로 배우고
공부하고 있을까?

내 안에 흐르는 고유한 빛

인문학에서 '인문'은 한자로 '사람人과 무늬文'라는 뜻입니다. '문'은 단순한 글자나 기록이 아니라, 인간이 만들어 낸 언어, 사상, 예술, 제도, 역사 등 문화의 흔적을 뜻합니다. 인간이 쌓아 온 정신적·사회적 유산까지 포함하는 개념입니다.

사람은 누구나 자신만의 역사와 무늬를 가지고 있습니다. "나는 누구인가?"라는 질문이 결국 인문학의 핵심 주제이며, '인간다운 삶을 위한 끝없는 질문과 탐구'는 우리 삶의 전체를 관통하는 끝없는 숙제일지도 모릅니다.

스스로 배우고
공부하고 있을까?

면접이나 자기소개서에서는 남들과 차별화된 무언가를 요구합니다. 수많은 지원자 중에서 옥석을 가려내야 하기 때문입니다. 면접관도 사람이기에 지루한 글이나 답답한 자기소개에는 싫증을 내기 마련입니다. 그래서 저는 '자신만의 필살기 하나쯤은 필요하다'는 주제로 수업을 진행했습니다. 필살기로 성공한 사례를 소개하고, 자신의 강점을 찾는 간단한 비법도 함께 전해 주었지요.

3월, 첫 수업 시간이었습니다. 상황 설정은 이랬습니다. 제가 IT 기업 대표입니다. 학생들은 직원들이고, 대표에게 자신을 어필하는 것입니다. 아이들은 농담을 섞어 가며 낄낄대며 웃습니다.

"사장님, 너무합니다. 꼰대 같으시네요."
"사장님, 저는 회식 때 분위기를 잘 띄웁니다."

그렇게 첫 수업의 긴장을 풀면서 각자의 필살기를 PPT로 제작하였습니다. 학생들은 즐겁게 자신의 무늬를 채워 갔고, 저는 만족스러운 수업을 했다고 자부했습니다. 한 학생의 눈물을 보기 전까지는요.

다들 수업을 마치고 자리를 떠났는데, 혼자 석고상처럼 무표정하게 앉아 있는 학생을 발견했습니다. 이유를 물어도 꼼짝도 하지 않습니다. 한참 후에야 입을 열었습니다.

"선생님, 왜 저를 한마디로 표현해야 하나요? 저는 계속 변하는 사람인데요. 그리고 왜 몇 분만 보고 사람을 판단하려 하는 거죠? 면접에서 대화 몇 마디로 그 사람에 대해 알 수 있나요? 한 장의 자기소개서가 그 사람을 대변할 수 있나요?"

이런 식의 항변을 하였습니다. 눈물을 글썽이는 그 아이의 말에 잠시 침묵하였습니다.

틀린 말은 아닙니다. 이야기를 계속 주고받은 후, 저와 그 아이가 내린 결론은 이렇습니다.

'자신을 몇 분 안에 드러내야 하는 활동은 부담이고 고통스럽다. 하지만 회피할 순 없다. 도망가서도 안 된다. 훈련과 연습으로 근육이 단련되듯, 나를 알아 가고, 드러내는 활동은 계속되어야 한다.'

이 학생은 다음 수업 때는 어땠을까요? 깜짝 놀랐습니다. PPT로 발표하던 다른 학생들과 달리 랩으로 자신을 표현했습니다. 그 아이의 용기에 박수를 보냈습니다. 하기 싫은 일을 용케도 해냈기 때문입니다. 대부분의 사람은 타인에게 큰 관심이 없습니다. 즉, 나를 드러내는 시간이 길다고 해서 좋게 보는 것은 아닙니다. 단 몇 초만이라도 기회가 주어진다면 좋은 인상을 심어 주는 것이 중요합니다.

드라마 〈어쩌다 발견한 하루〉의 영어 제목은 〈Extraordinary You〉입니다. ‘특별한 너.’ 적절한 해석인지는 모르겠으나, 영어 제목에 대한 설명은 드라마 중반부에 나옵니다. ‘extra(-를 넘어선)’와 ‘ordinary(평범한)’가 합쳐져 ‘비범한’이라는 뜻인데요, 이 드라마는 극 중 평범한 엑스트라가 힘을 합쳐 자신들의 운명을 바꾼다는 이야기입니다.

드라마의 주인공 단오와 하루는 만화책에 나오는 캐릭터로 주인공이 아닌 엑스트라입니다. 열여덟 살 단오에게는 다정다감한 부자 아빠와 짝사랑하는 약혼자가 있습니다. 어릴 때부터 앓아 온 심장병만 제외하면 완벽한 인생을 살고 있는 명랑 소녀입니다. 그런데 자꾸만 기억이 사라지고 환각을 보는 듯한 증상을 겪은 후, 자신이 순정 만화의 엑스트라라는 충격적인 사실을 마주합니다. 그녀만 엑스트라였던 건 아닙니다. 출석 번호 13번. 이 남학생은 이름도 없습니다. 첫 등장 때 대사도 없었습니다. 그런 그에게 단오가 ‘하루’라는 이름으로 불러 줍니다. 그에게 이름을 불러 주니 어떤 반전이 일어날까요?

이름을 부여한다는 건 그 사람의 존재를 발견했다는 뜻이고, 이름을 불러 준다는 건 나의 세계와 그의 세계를 연결한다는 것입니다. 엑스트라 13번이 자아를 찾고 주인공이 될 수 있었던 건, 단오가 하루라고 불러 주었기 때문입니다. 엑스트라로 지나갈 수도 있는 아이에게 누군가 이름을 불러 주고, 자신감을 심어 주고, 인정해 주면 분명 주인공이 될 수 있습니다.

그런 의미에서 저도 학생들의 이름을 부를 때 아주 조심합니다. 혹시나 희미한 제 기억 때문에 이름을 헷갈려서 잘못 부르지는 않을까 걱정이 되기 때문입니다. 실망하거나 살짝 기분이 상한 듯한 학생의 표정을 몇 번 경험했습니다. 선생님이 실수로 이름을 잘못 불렀을 때 너그러이 용서 바랍니다. 관심이 부족한 게 아니라 퇴화한 기억력 탓이니까요.

타인에게 인정을 받은 후 인생이 바뀐 사례는 많습니다. 대표적인 인물은 미국의 싱어송라이터 스티비 원더입니다. 30곡 이상의 히트곡을 냈고, 25번의 그래미상을 수상한 팝의 전설적인 인물이지요. 그는 조산아로 태어나 인큐베이터의 산소 과다 공급으로 인해 망막이 손상되어 유아기 때 실명을 했습니다.

'가난한데다 앞을 못 보는 흑인 아이가 제대로 살아갈 수 있을까?'

주위의 시선은 대부분 이랬습니다. 어느 선생님이 그의 이름을 불러 주기 전까지는 말이죠.

어느 초등학교에서 실험용 쥐가 탈출하여 숨어 버리는 사건이 있었습니다. 선생님과 아이들은 쥐를 잡기 위해 사방으로 돌아다

넸지만 잡지 못했습니다. 선생님은 아이들을 제자리에 앉히고 말했습니다.

"이제 모리스가 나설 차례구나. 넌 우리 반의 어떤 친구도 갖지 못한 능력을 갖고 있단다. 하나님께서는 너에게 특별한 청력을 주셨지."

그는 결국 쥐를 찾아냈고, 선생님의 격려 한 마디가 이 아이의 인생을 바꾸어 놓았습니다. 이렇듯 누군가가 불러 주는 자신의 이름이 일생을 좌우하는 경우도 있습니다.

자기소개를 하라고 하면 본인 스스로를 '평범하다'고 소개하는 학생들이 많습니다. '평범'이라는 단어는 해석에 따라 긍정적으로도, 때로는 부정적으로도 받아들여질 수 있습니다.

(긍정) 모나지 않고, 사회생활을 잘하고, 특별한 문제점이 없음

(부정) 특출나지 않고, 재능이 없고, 존재감이 없고, 자신의 장점을 잘 모름

평범함을 비하하는 건 아니지만, 자신만의 색깔을 가지면 좋겠

습니다. 좀 부족해 보이는 사람도 분명 잘하는 것이 있고, 남들보다 뛰어난 사람도 못 하는 것이 있습니다.

기준을 어디에 두느냐에 따라 인생의 주인공이 될 수도, 엑스트라가 될 수도 있습니다. 하지만 스스로 인생의 엑스트라라고 여기지는 맙시다. 지금 우리가 있는 이 무대의 주인공은 누가 뭐래도 '나'입니다.

오른쪽 친구가 전교 1등이라고 해서, 왼쪽 친구가 얼짱이라고 해서, 내 인생의 주인공이 그들이 될 수는 없습니다. 하지만 사람들 앞에서 말할 때 불안하거나 긴장하면 곤란하겠지요. 자신의 행동을 지나치게 검열하여 자연스러움을 잃을 수도 있습니다.

이럴 땐 차라리 엑스트라가 편할 때도 있답니다. 무대 공포증이 있어 다른 사람 앞에서 발표를 할 때, 타인의 시선을 너무 의식하여 심리적으로 불안할 때는 차라리 스스로를 엑스트라로 여기고 '남들은 나에게 관심이 없다'며 마인드 컨트롤을 하는 것입니다.

이런 경우가 아니라면 스스로 자기를 아끼고, 자아를 찾아가려는 마음은 꼭 필요합니다. 〈어쩌다 발견한 하루〉의 단오와 하루는 작가가 쓴 만화책 속에서만 엑스트라였습니다. 무대 밖을 나오면 그들도 모두 각자의 삶 속에서 주인공입니다. 작가가 정해 놓은 운명 속에 살지 않겠다고 다짐하며 자아를 찾으려고 합니다.

영화 〈시동〉은 방황하는 청소년의 성장 과정을 담고 있습니다. 고등학교를 자퇴한 택일은 엄마 몰래 학원비로 낡은 오토바이를 삽니다. 그리고 친구 상필을 뒤에 태우고 가다가 헬멧 미착용으로 경찰에게 잡히지요. 제멋대로인 택일에게 엄마는 드디어 뜨거운 손맛을 보여 줍니다. 참고로 엄마는 배구선수 출신입니다. 엄마에게 혼나자 택일은 무작정 집을 뛰쳐나오고, 배고파 들른 중국집에서 아르바이트를 시작합니다. 세상 어디에도 없을 착한 사장님은 불량한 택일을 자식처럼 대해 줍니다. 택일은 범상치 않은 실루엣의 주방장 거석과 대면하게 되는데요. 거석에게 들이받고 객기도 부려 보지만 어디 그게 통하나요? 거석은 인간 그 이상의 힘을 가지고 있거든요. 트와이스 노래에 맞춰 춤추다가도 주먹 한 방 날리면 상대방은 정신을 잃습니다. 눈치가 없는 건지, 똘끼가 있는 건지 모르겠지만, 택일은 거석 앞에서 까불다 몇 번이나 나가떨어집니다.

　이 영화는 10대 청소년이 인생에서 중요한 게 무엇이고, 어떻게 행동해야 하는지 깨닫게 되는 과정을 보여 주는데요. '어울리는 일'이라는 대사가 자주 등장합니다.

　큰돈을 벌기 위해 사채업에 몸담고 있는 상필에게 택일이 툭 던집니다.

　"야 인마, 너한테 어울리는 일 하고 살어."

　중국집 주방장 거석은 사실 조직폭력배의 두목이었습니다. 그를 찾아온 조직의 후계자가 이렇게 설득합니다.

　"팔자대로 삽시다. 어울리는 일을 해야 할 거 아니오."

　어울리는 일을 찾고, 행복한 삶을 살기 위해서는 자신의 능력이나 특성, 강점 등을 이해하고 자신을 객관적으로 바라볼 필요가 있습니다. 그것을 '자아존중감'이라는 용어로 설명할 수 있습니다. '자아존중감'이란 자신을 가치 있는 존재로 느끼고 사랑하는 것입니다.

자기 자신에 대해 정확히 아는 것은 누구에게나 어려운 일입니다. '너 자신을 알라'는 소크라테스의 말은 너무 자주 인용되어 흘려듣기 쉽지만, 깊이 생각할 만한 가치가 있습니다. 소크라테스에게 철학의 아버지라는 호칭이 붙은 것도 자신의 무지함을 깨닫고 끊임없이 지혜를 얻기 위해 노력했기 때문입니다.

일찍이 공자는 이렇게 얘기했습니다.

"벼슬자리가 없는 것을 걱정하지 말고, 그 자리에 설 자격을 갖추었는지를 걱정하라. 남들이 자기를 알아주지 않는 것을 걱정하지 말고, 인정받을 만한 실상을 갖추는 데 힘써라."

인공지능으로 인해 나의 일자리가 사라지지 않을까 걱정이 될 것입니다. 인공지능이라는 괴물은 편리함을 주는 반면에 나의 많은 것을 빼앗고 있는 것도 사실입니다.

저도 제자가, 내 아이가 앞으로 이 녀석 때문에 설 자리가 없어진다고 생각하면 기술의 발달이 원망스럽기도 합니다. 후손들이 행복하게 잘 살면 좋겠지만, 첨단 기술의 발달이 우리에게 행복만을 안겨주지는 않으니까요. 걱정이 되는 건 당연한 이치입니다.

그런데 『논어』의 이 구절을 보고, 아차 싶었습니다. '자리가 없음을 걱정하지 말고'는 더 이상 변해가는 세상에 한탄하지 말고 순응하라는 뜻일 것이고, '그 자리에 설 수 없음을 걱정해야 한다'는 것에서 일단 저는 걱정을 멈추었습니다. 아니, 걱정하는 시간이 아까웠습니다. 왜냐하면 새로운 일자리는 계속 생길 것이고, 그 자리는 인공지능의 자리가 아니라 변화에 적응하는 인간들의 차지가 될 테니까요. 즉, 두려워해야 할 대상은 인공지능이 아니라 남들이 걱정하고 두려워하는 동안에도 끊임없이 자기 발전을 위해 분투하고 있는 인간입니다.

일찌감치 포기부터 하지 말고, 차근차근 내가 할 수 있는 일부터 찾아서 합시다. 사람마다 추구하고자 하는 방향은 조금씩 다릅니다. 같은 위치에서 시작했는데, 옆의 친구들이 빠른 속도로 앞서 나간다고 해서 미리 포기하지는 말자는 것입니다. 사람마다 가는 방향은 조금씩 다르기 때문입니다.

나의 방향이 어디인지 구상해 가면서 달려야 합니다. 물론 가는 길은 직선이 아닐 수도 있습니다. 가다가 후진할 수도, 유턴을 해서 돌아갈 수도 있습니다. 중요한 것은 '나는 내 길을 잘 가고 있다'라는 자아존중감과 '나는 곧 잘할 수 있다'라는 자기효능감을 가지고 노력하는 그 과정 자체에 의미를 두어야 한다는 것입니다. 그저 목표에 도달할 때까지 애써 견디기만 하고, 도달하는 것에만 의미를 둔다면 그 과정이 너무 잔혹해질 수도 있습니다. 작은 일 하나에도 의미를 두고, 언젠가는 쓰임새가 있다는 긍정적인 마음으로 임한다면 조금 늦게 도달하더라도 충분히 행복한 삶을 살 수 있을 것입니다.

함께 하면 좋은 진로 친구

도서 빅터 프랭클, 『빅터 프랭클의 죽음의 수용소에서』, 이시형, 청아출판사, 2020

김종원, 『너에게 들려주는 단단한 말』, 퍼스트펭귄, 2024

헤르만 헤세, 『데미안』, 전영애, 민음사, 2020

영상 범죄를 저지르지 않아서 더 위험하다?! '나르시시스트'와 자기애 넘치는 사람을 구별하는 방법

[타인의 심리 읽어드립니다 EP.7] | 김경일 교수

삶의 방향을 결정하는 순간

드라마 〈미생〉에 이런 대사가 나옵니다.

"장그래 씨, 삶이 뭐라고 생각해요? 거창한 질문 같아요? 간단해요. 선택의 순간들을 모아 두면 그게 삶이고, 인생이 되는 것이에요. 매 순간 어떤 선택을 하느냐, 그게 바로 삶의 질을 결정짓는 거 아니겠어요?"

선택의 기로에 선 순간은, 유명한 밈이나 짤에서도 자주 등장합니다. '무일푼 차은우 vs 100억 유병재' 밸런스 게임이 있더라고요. 영상 속의 여성은 질문이 끝나기도 전에 '차은우'라고 대답했지요. 고민할 가치도 없다는 표정입니다. 질문하는 유병재도 차은우와의 경쟁은 무의미하다는 듯 모든 걸 내려놓습니다. 재미를 위해 유병재는 차은우와의 과감한 대결을 한 것입니다.

수업 도중 재미 삼아 학생들에게 선택을 해 보자고 했습니다. 반반입니다. 유병재에게 이 기쁜 소식을 전해야 할 듯합니다.

인생의 선택도 밸런스 게임처럼 재미있다면 얼마나 좋을까요? 실상은 그렇지 않다는 게 문제지요.

"선생님, 머리가 너무 아파요. 선생님이 정해 주세요."

이 소리는 대입 수시 접수 기간, 여섯 장의 원서를 어디에 쓸지 몰라 고민하는 학생의 한숨 소리입니다. 머리가 아프다고 합니다.

본인이 가고 싶은 학교는 성적이 안 되고, 갈 수 있는 학교는 자존심이 허락하지 않습니다. 부모님은 학비 부담을 덜 수 있는 대학을 원하시니, 저도 고민이 많아질 수밖에요.

저 역시 수험생이던 시절, 대학 원서를 쓰며 엄마께 괜한 투정을 부린 적이 있습니다. 그날 밤, 울고 계시는 엄마의 뒷모습을 보았습니다. 무언가를 선택할 때는 자신의 고집보다는 주어진 환경도 고려해야 한다는 것을 처음으로 알게 되었지요.

마음에 드는 학교에 입학해 잘 적응하는 것은 축복받은 일입니다. 진로 고민을 하지 않고 무난히 졸업하는 학생마저도 점점 줄어들고 있습니다. 선택을 하면서도 확신이 없을뿐더러 그 결과에 대해서 후회하는 모습을 많이 보았기 때문입니다. 뭐든 선택할 때부터 신중에 신중을 기해야 합니다.

'직업계고 vs 일반고' 재미 삼아 해 보는 이상형 월드컵이 아닙니다. 꼼꼼하게 분석하고 충분히 고민해야 합니다. 친구 따라 학교를 가거나, 부모님의 강요에 의해 어쩔 수 없이 갔다가는 이제까지 축적해 온 삶의 영양분을 모두 토해 내야 하는 고통을 겪습니다. 물론 장기적으로 보면 조금 돌아가더라도 큰 문제가 되지는 않습니다. 오히려 맞지 않는 일을 억지로 밀어 넣기보다는, 한 걸음 물러나 비우고 새로운 방향으로 채워 나가는 것이 더 나은 선택일 수 있습니다.

고민할 시간은 충분히 있습니다. 학교 안팎의 다양한 활동을 통해 적성과 흥미, 가치관, 성격, 학업 성적, 가정 환경, 건강 상태, 졸업 후 진로까지 폭넓게 탐색해 보세요.

사실 선택이라는 건 참 피곤한 일입니다. 그래서인지, 매일 같은 옷을 입으며 불필요한 결정을 줄이려는 사람들도 있죠. '결정 피로'에서 벗어나기 위한 하나의 방법입니다. 스티브 잡스는 검정 터틀넥에 청바지, 마크 저커버그는 회색 티셔츠에 청바지를 즐겨 입었습니다. 아인슈타인은 회색 정장, 오바마는 네이비 정장을 입었다고 합니다.

사소한 결정을 하느라 에너지를 허비하면 중요한 결정을 하기 어렵다는 걸 알고 있었겠지요.

"선생님, 수시 여섯 장 골라 주세요. 고르는 게 너무 힘들어요."

"선생님, 진로 로드맵 짜 주세요. 시키는 대로 하는 게 제일 편해요."

이 학생들은 저의 코칭대로 선택할까요? 그렇지 않을 겁니다. 그냥 다른 이의 의견도 듣고 싶을 뿐이지요. 결정도 본인이 하고, 행동도 본인이 할 것입니다.

그저 선택의 순간, 마음의 평안을 위해 남에게 선택권을 넘기고 먼발치에서 보고 싶을 때가 있습니다. 하지만 모든 선택의 결과는 본인이 책임져야 합니다.

고등학교도, 대학도 누군가의 강요나 뜻으로 선택하면 안 됩니다. 담임 선생님도, 부모님도 선택을 대신해 줄 수 없습니다. 추천이나 소개는 있을 수 있지만, 결국 원서를 제출하는 사람은 자기 자신입니다. 그렇게 생각해야 힘든 학교생활과 공부도 견딜 수 있습니다.

특목고에 입학한 학생들은 상상 이상으로 많은 공부량을 감당해야 합니다. 대부분의 학생은 큰 목표를 품고 최선을 다하지만, 상대적으로 낮은 성적으로 인해 자신을 초라하게 느끼는 경우도 있습니다. 그런 순간마다 누군가를 원망하거나, 도살장에 끌려가는 소처럼 초조하고 우울한 감정에 휩싸이고 싶지는 않을 겁니다.

일반고 vs 직업계고 vs 특수목적고, 고교학점제 선택 과목, 취업 vs 진학…진로를 정하기 위해 우리는 수많은 선택의 갈림길에 섭니다.

한 번의 선택으로 인생이 끝나는 것도 아니고, 선택의 못을 박았다고 해서 다시 뺄 수 없는 것도 아닙니다. 공부와 담을 쌓았던 사람이 마음을 다잡고 다시 공부를 시작하기도 하고, 책을 깊이 있게 읽으며, 어른들이나 친구들의 조언을 진심으로 새기며 변화해 가기도 합니다.

내면에서 울리는 음성과 외부에서 들려오는 소리를 조화롭게 섞어 내면, 그것은 하나의 음악처럼 내 결정을 이끄는 힘이 될 수 있습니다.

유튜브 추천 알고리즘 영상은 안 보면 그만입니다. 내가 보고 싶은 걸 검색해서 보면 됩니다. 친구들 모두 롤을 해도 나는 마인크래프트를 할 수도 있습니다. 내비게이션이 최단 거리를 안내해 줘도 다른 길로 갈 수도 있습니다. 동생이 짜장면을 먹는다고 나도 짜장면을 시킬 필요는 없지요.

'남들이 다 하니까'라는 이유로 선택하지는 맙시다. 나에게 가장 큰 영향력을 행사하는 인물은 다름 아닌 나입니다.

누군가 내 인생을 수갑 채워 질질 끌고 가는 것이 아니라 내 발로 성큼성큼 전진해야 합니다. 내 삶을 누군가가 대신 살아 주진 않습니다. 다른 사람의 도움을 받더라도 선택은 내가 해야 합니다. 타인의 의견에 휘둘려서 선택했다면 책임에 대해서도 남 탓을 하기 쉽습니다. 내 마음에 귀를 기울여 주세요.

무게와 부피가 똑같은 건초 사이에서 당나귀 한 마리가 서 있습니다. 당나귀에게는 두 개의 건초더미 중 하나를 선택할 권리가 있습니다. 겉모습이 완벽하게 똑같은 건초 사이에서 당나귀는 이러지도 저러지도 못합니다. 건초 두 더미는 객관적으로 우열을 가릴 수 없었습니다.

양쪽을 번갈아 보다가 당나귀는 결국 굶어 죽고 맙니다. 프랑스의 중세 철학자인 장 뷔리당이 풍자한 '뷔리당의 당나귀'는 결정을 내리지 못하는 상황이나 사람을 일컫습니다. 지나치게 이성적인 판단을 하고자 하면 결정 장애에 빠져 헤어 나올 수 없다는 것입니다.

둘 중 하나를 선택하는 것은, 하나를 버리는 것이기도 합니다. 잘 버리는 것도 선택을 위한 방법입니다. 버린 선택지에 미련을 두지 않으면 좋은 선택이라 볼 수 있습니다. 어차피 100% 완벽한 선택은 없으니까요. 행복한 선택은 후회하지 않는 것에서 시작합니다.

선택을 잘하기 위해서는 어떤 마음가짐을 가지면 좋을까요?

첫째, 충분한 검토 후에 선택하고, 결과에 대해서는 후회하지 않습니다. 사르트르의 말처럼 인생은 'B birth와 D death 사이의 C choice'입니다. 인생의 여정 자체가 선택이기 때문에 선택에 후회를 한다면 후회로 뒤덮인 삶을 살 수밖에 없습니다. 'choice'를 오히려 'challenge'라 여기고 도전해 보세요.

둘째, 최선책이 안 되면 차선책을 노립니다. 노래를 잘하는 사람은 가수가 되는 것이 최선일까요? 격투기를 잘하는 사람은 격투기 선수가 1지망일까요? 남들 앞에서 말을 잘하는 사람은 반드시 아나운서가 되어야만 할까요? 일대일 대응 방식의 직업 선택은 선택의 폭을 제한합니다. 하나를 선택함으로써 놓쳤던 다양한 선택지에 미련을 남기지요.

셋째, 선택에 따른 고통도 함께 받아들여야 합니다. 원하는 걸 얻고, 하고 싶은 일을 하기 위해서는 하기 싫은 일도 함께 해야 합니다. 만약 프로게이머가 되고자 한다면 게임을 재미로만 여기는 것이 아니라, 협업을 위한 소통 능력, 장시간 앉아서 손가락을 움직이는 능력, 게임 도중 화가 치밀어도 감정을 통제하는 능력 등이 있어야 합니다.

아무리 생각해도 선택이 어렵다면 이런 방법도 있습니다.

"여기서 어느 길로 가야 하는지 좀 가르쳐줄래?"

고양이가 대답했다.

"그건 네가 어디로 가고 싶은 가에 달렸지."

앨리스가 말했다.

"난 어디건 별로 상관없는데."

고양이가 말했다.

"그럼, 아무 데나 가도 되잖아."

－루이스 캐럴, 『이상한 나라의 앨리스』 중에서

인간의 작은 머릿속에는 타인의 욕망도 들어 있습니다. 150g의 작은 공간 안에 담긴 것은 결코 '나' 하나만이 아닙니다. 틈새 사이로 타인이 비집고 들어옵니다. 진정 내가 원하는 것인지, 아니면 부모님이 원하는 것인지 어지럽게 실타래처럼 엮여 있습니다. 잘 못 풀었다간 수습도 못 하고 뒤엉킵니다. 정말 참기 힘들 만큼 답 답하고, 속이 뒤집히는 상황이지요.

　과학고에 입학했지만, 적응하지 못했던 아이가 있습니다. 동급 생들에 비해 자신이 초라하게만 느껴졌지요. 누구를 원망했을까 요? 과학고에 가도록 부추긴 부모님, 또는 선생님이었습니다.

　그런데 곰곰이 생각해 보면 무언가를 선택할 때 정말 내 의지는 하나도 반영이 되지 않은 걸까요? 반대로 학교에 잘 적응하고, 성 적도 뛰어나 마음껏 자신의 기량을 펼치고 있다면 누군가를 원망 했을까요? 아니겠지요. '엄마 말 듣길 잘했어.' '선생님이 날 제대 로 아신거야.'라며 만족하지 않았을까요?

　타인의 욕망을 내 욕망인 것처럼 착각했거나, 나도 이미 타인의 욕망에 흡수되어 선택한 건 아닐까요? 누군가의 이끌림이 있었다 해도 결국 선택은 나의 몫입니다. 남 탓을 하다 보면 정글 같은 세 상 속에서 가시덤불에 상처 입고, 벌레에게 물려 가는 여정이 험 난해집니다.

　과정에서 흘리는 땀과 눈물은 어느 정도 감수해야 하며, 그래도 답이 없다는 결론에 이르면 과감하게 다른 길을 찾아야겠지요.

도서 김종원, 『매일 인문학 공부』, 시공사, 2021

영상 • 100억 부자 유병재 vs 무일푼 차은우
  • 60초 정보_뷔리당의 당나귀 효과

위대한 발견의 시작점

이 우주에서 우리에겐 두 가지 선물이 주어진다.

사랑하는 능력과 질문하는 능력. 그 두 가지 선물은

우리를 따뜻하게 해 주는 불인 동시에

우리를 태우는 불이기도 하다.

―메리 올리버, 『휘파람 부는 사람』 서문 중에서

이런 멋진 문장을 선물해 준 작가에게 경의를 표합니다. 언젠가 여러분께 이 문장을 꼭 소개하고 싶었습니다. '사랑'보다 '질문'이라는 단어에 더 마음이 끌렸기 때문입니다.

학기 초에는 학생들의 이름이 잘 외워지지 않습니다. 의도적으로 출석을 부르고, 이름을 중얼거리면서 외워도 다음 시간이 되면 머리가 하얘집니다. 그런데도 잘 외워지는 학생이 있습니다.

크게 두 부류입니다. 먼저 졸거나 엎드려 자는 학생입니다. 계속 이름을 불러 깨워야 하니 외워질 수밖에 없습니다. 하지만 이런 식으로 선생님의 시선을 사로잡고 싶지는 않겠지요. 또 다른 부류는 질문하는 학생입니다. 질문을 받는 순간, 답변을 위해 사고회로가 돌아가기 시작합니다. 끊임없이 생각하고, 최적의 답을 내기 위해 노력합니다. 당연히 질문한 학생에게 관심이 갈 수밖에 없습니다.

학기 초 진로 첫 시간, 저에 대한 소개부터 시작했습니다. 자랑하듯이 이야기했습니다. 시간이 조금 지나자 몇몇 학생들은 눈을 감기 시작했습니다. 이해합니다. 45분간 두 눈 부릅뜨고 선생님의 강의를 듣는 게 쉬운 일은 아니니까요. 그래도 중간중간 농담을 던져 주고, 질문을 해 주는 학생들 덕분에 무사히 첫 시간을 마쳤습니다. 그리고 종이 울리기 직전, 질문을 받았습니다.

"선생님은 책을 쓰셨는데, 글을 쓰다가 막히는 부분이 있을 땐 어떻게 하시나요?"

"어떤 책은 술술 쉽게 읽히는데, 어떤 책은 잘 안 읽혀요. 선생님은 잘 읽히는 글을 쓰기 위한 나름의 노하우가 있으신가요?”

“선생님의 수업을 듣다 보니『역행자』라는 책이 떠올랐어요. 혹시 읽어 보셨나요? 전개 방식이 꽤 비슷했어요.”

이런 질문이 저를 자극했고, 글 쓰는 법에 대해 다시 고민하게 되었습니다.

이것이 질문의 효과입니다. 질문하기 위해서는 생각이라는 과정을 거쳐야 하고, 답변까지 들을 수 있기 때문에, 그야말로 일석이조의 효과가 있습니다. 질문을 받은 사람도 적절한 답변을 위해 고민하는 과정을 거쳐야 하고, 또 다른 질문에 미리 대비하고, 스스로 발전할 수 있는 일석삼조의 효과를 누릴 수 있습니다.

질문은 자신의 존재를 드러내는 방법일 뿐만 아니라 AI 시대 필수 능력입니다. 챗GPT 창을 열면 다음과 같은 문구가 뜹니다. “무엇이든 물어보세요.”

궁금한 게 없는 사람은 챗GPT도 무용지물입니다. 질문을 하지 않으면 답변해 주지 않으니까요.

모든 수단과 방법을 동원해서 자기소개서를 작성해 보라고 했습니다. 자기소개서의 틀도 제공했습니다. 인공지능에 물어보면 1분 안에 해결되겠지만 글쓰기가 그리 만만하지는 않습니다. 성장 배경과 스토리를 제공하고, 교내외에서 어떤 활동을 했는지도 알려 주고, 성격의 장단점도 제시하며 인공지능과 협업하는 학생이 있는 반면, 첫 문장을 어떻게 시작해야 할지 몰라 한 시간을 고민하는 학생도 있었습니다.

알고리즘이 이끄는 대로 영상을 보고, 다른 사람들이 가는 방향대로 그저 따라가다 보면 질문하는 능력을 잃게 됩니다. 심지어 검색하는 일 자체도 싫어하는 학생이 있습니다. 그냥 선생님의 질문에 정답을 말하고, 시험에 나올 것 같은 문장에 밑줄 치는 그런 학습법을 선호하는 학생도 있습니다. 그렇게 하면 공부를 제대로 한 듯한 착각이 들기 때문입니다. 물론 정답을 찾기 위해 노력하는 것도, 중요한 문장을 강조하는 것도 중요합니다. 다만 어떤 현상에 대해 호기심을 배제하고 입력되는 정보를 암기하는 수준에 그친다면 높은 성장을 기대하기는 어렵습니다.

『고수의 질문법』에서 작가는 호기심이 없는 이유를 이렇게 설명합니다.

공부하지 않기 때문이다. 아무것도 모르면 질문할 수 없다. 질문은 어느 정도 지식이 있어야 가능하다. 내가 아는 것과 더 알고 싶은 것인공지능이 없던 세상에도 질문은 인류의 역사를 바꾸었습니다.

"지구는 우주의 중심인가?"라는 질문은 천문학의 혁신을 이끌었습니다.

"왜 사과는 아래로 떨어지는 걸까?"는 만유인력의 법칙을 선사했습니다.

"시간은 절대적인가?"로 시간과 공간의 개념을 재정의했습니다.

"인간은 어디에서 왔는가?"는 진화론 연구로 이어져 생물학의 혁명을 가져왔습니다.

"인터넷의 모든 웹페이지를 다운로드하면 어떻게 될까?"가 구글의 시작이었습니다.

아이의 사소한 질문에서 큰 발명이 이어지기도 합니다.

"아빠, 왜 사진을 보려면 기다려야만 해요?" 폴라로이드 창업주 에드윈 랜드는 딸의 질문에서 영감을 얻었습니다.

"비가 오면 왜 신발이 미끄러워요?"라는 질문을 받고, 찰스 굿이어는 고무의 접착력과 미끄럼 방지에 대한 고민을 시작하게 되었고, 이후 가황 처리법을 개발해 고무 타이어를 발명했습니다.

한 초등학생이 아버지에게 "풀로는 빨리 굳는 접착제를 만들 수 없나요?”라고 묻자, 아버지는 열로 녹여서 빠르게 붙일 수 있는 글루 건을 개발했습니다.

아이를 돌보던 마리안 도노반의 자녀가 “엄마, 왜 자꾸 옷이 젖어요?”라고 묻자, 도노반은 방수 천과 흡수재를 결합해 최초의 일회용 기저귀를 개발했습니다.

내가 모르는 게 드러날까 봐 부끄러운가요? 친구들이 수업에 지장을 준다고 나무랄까 봐 걱정되나요?

모르는 걸 모른다고 말하고 다른 이에게 질문하는 사람이 용기 있는 사람입니다. 스스로에 대한 자신감이 받쳐 주어야만 할 수 있는 행동이지요.

질문하는 루트는 다양합니다. 수업 시간 또는 수업 후 선생님께, 나보다 그 분야를 더 많이 알고 있는 친구에게 물어볼 수 있습니다. 책을 찾거나 인터넷을 검색해도 됩니다. 마음에 드는 답변이 나올 때까지 인공지능에 물어봐도 됩니다. 핵심은, 궁금한 것이 생기기 위해서는 다양한 지식이 머릿속을 스쳐야 하며, 그 바탕에는 무언가를 해 보고 싶다는 내면의 동기가 전제되어야 한다는 점입니다.

클릭 한 번으로 알 수 있는 답변이라면 굳이 질문할 필요가 없겠지요. 선생님이 여러 번 언급한 내용을 딴짓하고 있다가 다시 질문하는 건 다른 사람의 시간을 빼앗는 일입니다. 상대방의 생각을 묻고, 나의 생각을 교환할 수 있는 그런 질문이어야만 합니다. 질문을 통해 사고가 성장하고, 상대방의 호기심까지 자극할 수 있는 그런 질문 말입니다.

AI 대변혁의 시대에 훌륭한 도구를 잘 활용하기 위해서는 좋은 질문을 던지고, 결과물을 검토하며, 유용한 것을 취사선택할 수 있어야 합니다. 프롬프트란 사용자가 AI와 소통할 때 입력하는 명령어를 의미하는데, 최상의 결과물을 얻기 위해서는 체계적인 질문으로 프롬프트를 작성하는 것이 효과적입니다.

단순한 정보 검색이 아니라, 원하는 답을 얻기 위해 맥락을 고려한 질문을 하면서 AI와 소통해야 합니다. 구체적이고 명확한 정보를 제공해야 하고, 그 과정에서 끊임없이 수정하고 다듬는 연습이 필요합니다. AI와의 협업에서 핵심은 바로 질문입니다. 어떻게 질문을 던지느냐에 따라 결과물은 달라집니다. 질문의 기술이 중요해지면서 프롬프트 엔지니어와 같은 새로운 직종도 생겨나고 있습니다.

쓰레기를 넣으면 쓰레기가 나온다.

질문의 품질이 답변의 품질을 좌우합니다. AI는 방대한 지식과 계산 능력을 가지고 있습니다. 그걸 운전해서 제대로 된 목적지에 데려다주는 역할은 사람이 합니다. 요지에 맞는 구체적인 질문을 할 수 있는 사람 말입니다. 모호한 질문을 넣으면 일반적인 답변만 나옵니다. AI에 질문하고 도움을 요청하는 것에 괜한 거부감을 가질 필요는 없습니다. 원하는 결과물이 나올 때까지 적극적으로 질문해 보세요.

아이는 "왜?"라는 질문을 수도 없이 많이 합니다. 궁금한 것 천지인 어린이들을 떠올려 보세요. 그런데 커 갈수록 질문이 줄어들고, 눈치를 보며, 심지어 모르는 것도 그냥 넘어갑니다. 왜 이런 현상이 발생할까요?

AI를 활용하여 글쓰기를 해 본 적이 있나요? 가장 많은 도움을 받았을 때가 언제인가요? 질문에 따라 답변의 결과가 달라진다는 것을 느낄 수 있었나요?

영상 · AI 시대의 역설. 일 잘하기 위해서 중요한 건 AI가 아니야! ㅣ 인생질문 279회

· 구글은 면접에서 왜 정답도 없는 질문을 할까?

머리로 입력하고 몸으로 출력한다

배움에서 가장 어려운 것은 무엇일까요? 바로 배워야 함을 인식하는 일입니다. 즉, 내가 공부하는 이유를 알고, 무엇을 모르는지 알아야만 공부의 효과가 나타납니다. 공부할 때 마음과 행동이 일치하지 않으면 전혀 효과를 볼 수 없습니다. 몸은 책상 앞에 앉아 있으면서도 머릿속이 딴생각으로 가득 차 있다면, 진정한 공부라고 보긴 어렵습니다.

"그래도 안 하는 것보다는 낫잖아요."
"억지로라도 하면 남는 게 있지 않을까요?"

이렇게 반문한다면 반은 맞고, 반은 틀렸다고 말하고 싶습니다.

어차피 공부할 거라면 '왜 공부를 하는지' '나에게가 필요한 공부는 무엇인지'부터 생각해 보십시오. 여러분의 가치는 눈에 띄게 향상될 것입니다.

A 군은 엄마의 눈을 피해 게임을 즐기고 있었습니다. 그때, 마치 공포영화의 한 장면을 연상시키듯 정적 속에서 들려오는 엄마의 발소리. 성큼성큼 걸어오는 그 소리가 천둥소리처럼 느껴지며 제발 내 방으로 오지 않기를 간절히 바랄 뿐이지요. 시선은 모니터를 향해 있지만 귀는 발소리를 신경 쓰느라 온전히 게임을 즐기지는 못합니다. 엄마가 방문을 열기 전까지 얼른 책을 펼치고 문제에 집중하는 척하며 이미 완벽하게 공부 태세를 갖춥니다.

뇌세포와 안면 근육의 환상적인 앙상블로 지금까지 공부한 척 엄마를 속일 수는 있겠지만, 마음 한켠에 남아 있는 양심 때문에, 결국 나 자신은 속일 수 없습니다. 공부에서도 완전 범죄는 없습니다. 남을 속이기는 쉬우나 자신을 속이기는 어렵습니다. 정작 본인은 공부를 하지도 않으면서, 괜히 사춘기 탓인 듯 짜증을 내거나, 마치 깊은 고민에 빠진 것처럼 대화를 완전히 차단해 버리기도 합니다. 공부하는 나와 놀고 있는 나는 물과 기름이 아닙니다. 적절하게 섞여야 합니다.

이런 상상을 해 봅니다. 수천 명의 수강생을 거느린 일타강사 공자가 학교에 방문한다면 어떨까요? 학생들에게 다음과 같은 질문을 하겠지요.

"배움이란 무엇인가?"
"공부를 왜 해야만 하느냐?"
"공부를 즐길 줄 아느냐?"

다양한 답변이 나올 것입니다. 그리고 매력적인 꼰대 공자는 강의를 이렇게 끝맺을지도 모릅니다.

"아는 것을 안다고 하고, 모르는 것을 모른다고 하는 것이야말로 진정으로 아는 것이니라."

사람들 앞에서 자신이 모르는 일을 정말로 모른다고 인정하는 것이 그리 쉬운 일은 아닙니다. '더닝 크루거 효과Dunning-Kruger effect'라는 심리학 용어가 있습니다. 인지 편향 중 하나인 이 현상은 능력이 부족한 사람일수록 자신의 부족함을 깨닫지 못하고 오히려 자신을 과대평가하는 경우를 일컫습니다. 공부는 자신이 무엇을 모르는지를 자각하고, 그 부분을 채워 나가는 것부터 시작합니다.

이전과는 비교할 수 없을 만큼 편리해진 세상, 이제는 누구나 원하기만 하면 세상의 지식을 무료로 얻을 수 있습니다. 많은 돈을 들이지 않아도 최고의 강의를 들을 수 있고, 필요한 자료도 손쉽게 내려받을 수 있지요. 이런 현실 앞에서 문득, 드라마 〈미생〉에서 장그래가 했던 한 마디가 떠오릅니다.

"길은 모두에게 열려 있으나 누구나 그 길을 갈 수 있는 건 아니다."

세상이 편리해졌다는 사실은 득보다 독이 될 때가 더 많은 것 같습니다. 공부를 더 열심히 해야 할 필요성을 못 느낍니다. 인터넷이 없어 책만 참고해야 했던 시절에는 도서관의 문이 닳도록 다녔습니다. 1인당 다섯 권만 대출이 가능해 친구의 대출증을 빌리기도 했습니다. 이제는 그럴 필요가 없어졌지요. 자료가 너무 많아 문제인 세상입니다.

옷가게에 옷이 너무 많아 주저하는 손님에게 주인은 적당한 옷을 골라 줍니다. 유명 작가가 추천해 주는 책을 읽고, 서점에 가서 베스트셀러에 등극한 책부터 먼저 고릅니다. 하지만 공부는 누군가의 추천해 준 강의를 듣고, 똑같은 문제집을 사고, 일타강사의 강의를 듣는다고 금세 성적이 3등급에서 1등급으로 오를 수 있을까요? 그럴 수도 있고, 아닐 수도 있겠지요. 추천 알고리즘을 참고하여 따라 하는 패션이나 책과는 차원이 다른 문제입니다. 이상하게도 공부에서만큼은 편리한 도구가 별 쓸모가 없지요. 머리가 고생하든, 몸이 힘들든, 오랜 시간 엉덩이를 붙이고 앉아 있어야 비로소 성과가 나오는 것이 공부입니다.

공부를 하다 보면 슬럼프가 옵니다. 그만두고 싶고, 오늘은 그냥 아무 생각 없이 쇼츠만 보고 싶다는 유혹을 느낄 것입니다. 저도 그랬습니다. 공부를 잘했지만, 그냥 누워있다가 공상에 빠지기도 하고, 이 정도 하면 되었다고 스스로 칭찬하며 놀 때도 많았습니다. 그때 그런 생각이 들더군요. '누군가가 나에게 독설을 날려주면 좀 더 열심히 할텐데….' 엄마의 잔소리 정도가 아니라 독설 말입니다.

학창 시절, 두 부류의 선생님이 계셨습니다. 어떤 선생님은 온화하고, 다정하고, 학생들에게 공부하라고 잔소리를 별로 안 하시는 분이었습니다. 학생들에게 인기가 많은 분이었지요. 다른 한 분은 '팩트 폭행'을 하시는 분이었습니다. '너 이 성적으로 OO대학교는 어림도 없다.' 학교별 입시 커트라인이나 공부 시간을 내

세워 학생들에게 압박을 주는 방식의 지도였습니다. 학생들이 듣기 싫어하는 그런 이야기만 쏙쏙 골라서 하셨습니다.

당장은 듣기 싫을지 모르지만, 저에게는 그런 독설이 도움이 됐습니다. 지금 생각하면 정말 감사합니다. 부모님은 잔소리를 안 하시는 분이라 제가 정말 잘하는가보다 착각할 때도 있었거든요.

지금까지 잘하고 있다는 착각은 금물입니다. 다정함이 무기인 선생님도, 독설을 날리는 선생님도 목표는 같습니다. 학생들이 원하는 대학, 학과, 취업을 할 수 있도록 돕는 것이지요. 선생님이나 부모님의 잔소리, 독설, 조언 등을 무조건 흘려듣지 말고 아주 조금이라도 흡수해 봅시다. 그래도 공부 습관이 좀처럼 잡히지 않는다면, 공부법 관련 책을 한 권 읽어 보는 것도 도움이 될 수 있습니다. 2시간 정도만 투자해 읽어 보는 것을 추천합니다.

뛰어난 두뇌를 타고나지 않았더라도, 공부는 누구나 잘할 수 있습니다. 지금부터 그 방법을 몇 가지 소개하겠습니다.

첫째, 공부 자체에 대한 부정적인 감정에서 벗어나야 합니다. 공부는 평생 해야 합니다. 공부를 부정적으로만 생각한다면 괴로울 수밖에 없습니다.

둘째, 지루한 구간에서는 성취 경험을 만들고 보상을 해 줍니다. 공부하는 과정은 마라톤과 같습니다. 곳곳에 피곤한 장애물도 있습니다. 지치지 않기 위해 보상 시스템을 투입합니다. 게임이 즐거운 이유는 보상이 있기 때문이지요. 플레이어의 행동을 유도하고 목표 달성을 독려하기 위해 고도의 전략이 숨겨져 있습니다. 공부를 좋아하는 사람들은 남들보다 먼저 공부 성취감을 맛본 것입니다. 계획한 목표를 달성했을 때는 스스로에게 작은 보상을 합니다.

(예시) • 시간 단위 보상: 하루 50분 공부하면 아이돌 영상 30분 시청하기

• 주 단위 보상: 주어진 계획을 달성하면 주말에 좋아하는 게임 당당하게 하기

• 월 단위 벌칙: 공부의 원칙을 어기면 일정 기간 스마트폰 맡기기

셋째, 벼락치기는 최대한 자제합니다. 당장 좋은 결과가 나오더라도 장기전에서는 벼락치기가 통하지 않습니다. 우리의 몸과 마음을 상하게 하고, 공부가 괴로운 것으로 여겨집니다. 벼락치기로 성공한 경험은 공부를 제대로 하지 않고도 좋은 성적을 낼 수 있다고 착각하게 만듭니다. 그런데 벼락치기의 기간이 길다면 그건 과연 벼락치기일까요?

넷째, 피곤할 때와 그렇지 않을 때를 구분하여 공부합니다. 머

리가 맑을 때는 새로운 개념을 익히고, 빠르게 독해할 수 있습니다. 반면, 두뇌 회전이 느릴 때는 빠른 습득이 어렵기 때문에 이미 학습한 정보를 반복하여 기억하는 데 활용합니다. 복습은 이미 접했던 내용이므로 뇌에 부담이 적습니다. 단순 암기나 노트에 옮겨 적는 작업은 이때 하는 것을 추천합니다

다섯째, 날마다 공부한 분량을 기록합니다. 다이어리, 스티커 등을 활용하여 학습의 양적 추이를 관찰해 봅니다. 안개 속에 숨어 있던 학습 분량이 또렷하게 보입니다.

도서 강원국, 『강원국의 진짜 공부』, 창비교육, 2023

영상 종신 보험 아니고 스탠퍼드 종신 교수?! 공부 잘하려면
시험 전에 이걸 해라! #유퀴즈온더블럭 | tvN

가장 저렴하면서 가치 있는 투자

만나면 반갑다고 '북모닝', 헤어질 땐 또 만나요 '북나잇'.

다소 유치한 인사법일지 모르지만, 이런 말로 독서를 권하며 열심히 북모닝과 북나잇을 실천하는 저는 전혀 부끄럽지 않습니다. 주말이나 방학 때 여유가 된다면 언제든 북모닝을 합니다. 아침 시간을 활용해 독서를 합니다. 어느덧 저의 루틴으로 자리잡았습니다. 수면제로 책을 쓴다는 가족의 놀림에도 불구하고 저의 북나잇은 20년째 지속되고 있습니다. 물론 5분이면 꿈나라로 떠나는 기적의 효과도 누립니다.

책은 아침에 굳어 있는 두뇌를 풀어 주기도 하고, 자기 전에는 우리의 눈꺼풀을 살며시 덮어 꿀잠을 자게도 해 줍니다. 책의 또 다른 효능에는 어떤 것이 있을까요?

첫째, 책은 어려울 때 힘이 됩니다.

우리는 누구나 크고 작은 고비를 맞이합니다. 일이 뜻대로 풀리지 않거나, 인간관계에서 외로움을 느끼거나, 누군가에게 상처를 받을 수도 있습니다. 이럴 때 책을 읽으며 나를 돌아볼 수 있습니다. 상황 자체를 당장 바꿀 수는 없지만, 그 상황을 바라보는 시각은 바꿀 수 있습니다.

고등학교 1학년 시절, 어머니께서 뇌수술을 받으셨습니다. 버스에서 내리시던 중 갑작스레 출발한 버스에 의해 크게 다치셨고, 수술 후 몇 개월을 병원에서 보내야 했습니다. 이후 어머니는 예전과 많이 달라지셨습니다. 고등학교에 막 입학한 시기라 낯선 환경에 적응하기도 벅찬데, 어머니의 부재는 제 일상을 송두리째 흔들었습니다. 아버지는 일 때문에 타지에 머무르셔서 주중에는 집에 계시지 않았고, 친할머니와 외할머니가 돌아가며 반찬을 챙겨 주셨지만, 집안일은 모두 장녀였던 저와 제 동생들 몫이었습니다.

어머니의 병환은 분명 제 삶에 큰 충격이었지만, 그 속에서도 '성적'은 제 자존심을 지켜 주는 도구였고, 외롭거나 힘들 때 조용히 제 곁을 지켜 준 건 다름 아닌 책과 영화였습니다. 지금은 그때 읽었던 책들의 구체적인 내용이 가물가물하지만, 그 경험이 지금의 저를 만든 것은 분명합니다. 인생 책은 아낌없이 주는 나무처럼 제 곁에서 함께 했습니다. 말없이 조용히 옆에 있어 주며 제가 다시 일어설 수 있도록 힘을 보태 주었습니다.

둘째, 책은 멘토입니다.

사실 멘토mentor란 신뢰할 수 있는 상담 상대, 지도자, 스승, 선생 등의 의미로 쓰입니다. 〈오디세이Odyssey〉에 나오는 오디세우스의 충실한 조언자의 이름에서 유래합니다. 오디세우스가 트로이 전쟁에 출정하면서 집안일과 아들 텔레마코스의 교육을 그의 친구인 멘토에게 맡기는데요. 멘토는 오디세우스가 전쟁에서 돌아오기까지 무려 10여 년 동안 아들의 친구, 선생, 상담자, 아버지가 되어 주었습니다. 이후 멘토라는 그의 이름은 '지혜와 신뢰를 바탕으로 한 사람의 인생을 이끌어 주는 존재'를 뜻하는 말로도 사용되고 있습니다.

주로 부모님 또는 선생님이 멘토가 됩니다. 자신의 길을 스스로 개척하기가 힘든 청소년기에는 멘토가 있다는 것만으로도 힘이 되지요. 만약 현재 나에게 멘토가 없다면, 대안은 책입니다. 책은 삶의 방향을 바로잡아 주고, 해결책을 제시합니다. 간접 경험을 하면서 시행착오도 줄일 수 있는 일석삼조의 효과를 누릴 수 있습니다.

셋째, 책은 우리의 생각과 행동을 바꿉니다.

유명 프로게이머 페이커 선수의 이름만 언급해도 학생들의 눈빛이 반짝입니다. 마치 눈 속에 하트가 들어 있는 것처럼 보이지요. 그만큼 그는 10대들에게 전폭적인 지지를 받고 있습니다. 그러던 어느 날, 누군가가 그에게 이런 질문을 던졌습니다.

"어떻게 하면 게임을 잘할 수 있나요?"

놀랍게도, 그의 대답은 이러했습니다.

"책을 읽어야 합니다. 게임을 잘하기 위해 저는 책을 읽습니다. 게임을 대하는 태도, 삶을 바라보는 관점이 많이 바뀌었습니다. 뇌 과학책을 많이 읽었고, 책을 통해 마인드셋이 달라졌습니다."

처음 이 말을 들으면 의문이 들 수 있습니다. '게임을 잘하려면 연습을 많이 해야 하는 것 아닌가?' 그런데 페이커 선수는 오히려 게임을 잘하기 위해 책을 읽었다고 말합니다.

척은 단순히 지식을 전달하는 데 그치지 않습니다. 책을 통해 자신만의 관점을 만들고, 실패를 바라보는 태도를 바꾸며, 목표를 향한 끈기를 기를 수 있습니다. 페이커 선수가 독서를 통해 새로운 마인드셋을 얻고 세계 최고의 자리에 오른 것처럼, 우리 역시 책 속에서 삶을 변화시킬 씨앗을 발견할 수 있습니다.

결국 중요한 것은, 단 한 권의 책이라도 마음을 다해 읽고 그 안에서 나에게 필요한 생각을 찾아내는 일입니다. 책은 우리의 생각을 바꾸고, 생각은 행동을 바꾸며, 결국 우리의 인생을 바꿉니다.

영화 〈오펜하이머〉는 개봉 당시 큰 인기를 끌었습니다. 역사적인 물리학자가 다수 등장하는 이 영화를 이해하기 위해, 사전에 관련 지식을 공부하고 관람한 관객도 적지 않았습니다. 심지어 영화가 재미없다고 하면 무식하다는 말까지 들을 정도였지요.

이 영화는 '원자 폭탄의 아버지'라 불리는 로버트 오펜하이머의 삶을 다룬 작품입니다. 영화로 인해 '핵분열 연쇄반응'도 함께 주목을 받았는데요. 핵분열 연쇄반응이란, 원자핵이 중성자와 충돌하면서 분열되고, 이때 방출된 중성자가 또 다른 원자핵을 분열시키는 과정을 말합니다. 이렇게 반응이 연속적으로 일어나면서 엄청난 에너지가 발생하고, 이 힘이 원자력 발전이나 핵무기에 사용됩니다.

저는 물리학자도, 무기 전문가도 아니니, 핵분열 원리에 대해선 대충 듣고 넘겼습니다. 그런데 어느 날 제 머릿속을 강타하는 개념이 있었습니다. 이름하여 '책 분열 연쇄반응'.

책이 원자력 발전소만큼 지식 에너지를 만들어 내고, 핵무기만큼 강력한 영향력을 발휘할 수 있다는 사실, 혹시 경험해 본 적 있나요? 하나의 책을 읽다가 궁금한 내용이 생기면 또 다른 책을 찾게 되고, 그렇게 꼬리에 꼬리를 무는 독서가 시작됩니다. 이건 마치 한 권의 책이 다른 책을 소개시켜 주는 것과 같습니다. 애초에 한 권만 읽으려 했지만, 어느새 독서 목록은 핵분열처럼 확장되어 갑니다.

수업을 듣거나 강연을 들을 때 생기는 호기심도 마찬가지입니다. 그 순간 주저하지 말고 책을 찾아보세요. 이게 바로 '생기부 과세특(과목별 세부능력 및 특기사항)'을 풍성하게 만드는 비밀 아닌 비밀입니다. 모두 알고는 있지만, 실천하기가 쉽지 않죠. 하지만 한 번 책 분열 연쇄반응을 맛보면, 결코 돌아갈 수 없습니다.

비슷한 물리학 개념으로 '핵융합 반응'이 있습니다. 두 개의 원자핵이 하나로 합쳐지면서 더 큰 에너지를 만들어 내는 과정입니다. 핵분열보다 더 큰 에너지가 나올 수 있지요. 저는 이와 관련하여 또 하나의 흥미로운 개념을 떠올렸습니다. 바로 '책 융합 반응'

입니다.

　김영하 작가의 소설『작별인사』를 읽고 싶어 도서관에 갔습니다. 도서관에 도착하자마자 운 좋게 책을 바로 발견했습니다. 누가 먼저 낚아챌까 봐 얼른 손에 움켜쥐었습니다. 그런데 대출하려는 순간 다른 책들이 자꾸 저를 부릅니다. 도저히 외면할 수 없었습니다. 손이 커서 그런지, 한 손에 책 다섯 권이 거뜬히 들어가더군요.

　결국『작별인사』를 시작으로 나머지 네 권의 책을 한 손에 들고 도서관을 유유히 빠져나왔습니다. 이것이 바로 책 융합 반응입니다. 책 하나가, 여러 권의 책을 끌어당긴 것이죠. 책 한 권의 힘은 이런 데서도 드러납니다. 한 사람의 인생을 바꾸기도 하고, 또 다른 책들을 끌어당겨 새로운 세계로 이끌기도 합니다.

　영화 〈오펜하이머〉와 물리학 개념까지 끌어다 썼지만, 결국 하고 싶은 말은 이겁니다.

　첫째, 독서는 지식의 보물찾기입니다. 인간은 예부터 금이나 다이아몬드를 채굴하기 위해 아이까지 동원할 만큼 보물찾기에 온 힘을 다했습니다. 그런데 그거 아시나요? 인류는 수천 년을 살면서 흥미진진하고 심오한 비밀을 책 속에 기록으로 남겨 놓았습니다. 근처 도서관이나 서점, 아니면 전자책으로도 쉽게 볼 수 있지요. 보물을 찾아 길을 떠나지 않아도 되고, 모르는 곳을 탐험할 필요도 없습니다. 독서의 중요성과 효과를 알아내는 과정이 금을 채굴하는 것만큼 쉽지 않아 다들 어려워하는 것뿐입니다.

둘째, 독서는 정신의 영양제입니다. 음식을 골고루 먹지 않으면 영양분을 골고루 섭취할 수 없고, 건강을 유지하기 힘듭니다. 그래서 부족한 영양분은 영양제로 채우는 것이지요. 생각도 마찬가지입니다. 책을 읽지 않으면 편향되고 얕은 생각에서 벗어날 수 없습니다. 비타민이 결핍되면 각종 질병에 시달리듯이, 건전한 생각이 결핍되면 오만에 빠지고, 어리석은 사람이 될 수밖에 없습니다. 적절한 처방은 독서입니다. 사람을 사람답게 만들어 주는 가장 효과적인 방법도 독서입니다.

셋째, 책을 읽는 것은 바퀴 달린 자동차에 날개를 달아 주는 것입니다. 못 가는 곳이 없습니다. 가고 싶은 곳에 가서 듣고 싶은 말을 듣고, 하고 싶은 말을 하고, 쓰고 싶은 글을 쓰는 것, 책을 펼치면 그 모든 것이 가능합니다.

여러분의 삶 속에서 책의 도움을 받은 적이 있나요?
• 책을 통해 문제를 해결한 경험
• 책을 통해 새로운 아이디어를 얻은 경험
• 책을 통해 비판적 사고를 키운 경험
• 책을 통해 감동을 받은 경험 등

AI 시대에도 책 읽기가 필요할까요? 독서가 중요한 역할을 할까요?

도서 사이토 다카시, 『독서는 절대 나를 배신하지 않는다』, 김효진, 걷는나무, 2015
주경아·정재화·방희조·이재환·이현규, 『생기부 필독서 100』, 센시오, 2025

영상 페이커 이상혁이 직접 추천한 책 41권 '관심 폭발' | 이포커스

진화하는 인간의 생존력

기억력이 안 좋은 한 선생님이 있습니다. 시 한 편을 제대로 못 외우고, 영화 감상 후 몇 시간만 지나면 줄거리가 가물가물합니다. 책을 읽고 나면 등장인물의 이름이 잘 기억나지 않습니다. 회의 때는 해야 할 말이 생각나지 않을까 봐 수첩에 미리 적어 갑니다. 가끔은 적어 놓았다는 사실조차 잊어버리기 일쑤죠. 눈치챘겠지만 바로 접니다.

그런 제가 가끔은 업무의 달인이라는 찬사를 받을 때가 있습니다. 창의적으로 일한다기보다는 속도가 빠르다는 겁니다. 왜일까요? 제가 잘하는 게 하나 있는데요, 바로 '메모하기'입니다. 교무수첩도 꽤 괜찮은 다이어리로 변신시키는 메모의 달인입니다. 신은 저에게 보잘것없는 기억력을 준 대신 부지런한 손가락을 주셨습니다. 끊임없이 적고, 또 적으며 진행 상황을 놓치지 않습니다. 또 잊어버릴까 봐 미션이 주어지는 즉시 해치웁니다. 그래서 남들보다 항상 빠릅니다.

저는 문구 덕후입니다. 예쁜 수첩을 보면 정신을 못 차립니다. 여행을 가면 기념품 가게에서 수첩부터 살펴봅니다. 아예 문구점을 통째로 사 버리는 행복한 상상을 하기도 합니다.『기록하는 수집가의 단짝』이라는 책에서 저와 취향이 비슷한 사람을 마주했습니다. 오래된 친구를 만난 것처럼 편안하더군요. 문구 덕후라면 제 마음을 이해할 겁니다. 다섯 명의 저자들은 기록의 단짝이 있습니다. 각각 노트, 연필, 지우개, 스티커, 마스킹 테이프입니다. 자신이 좋아하는 물건에 대해 관련 용어, 좋아하는 이유, 쓰는 방법, 소중하게 다루는 법 등을 각자의 시선에서 알려 주고 있습니다. 작은 아이템 하나에도 생명력을 불어넣고, 영혼의 단짝으로 승화시킵니다.

기록할 때 꼭 문구가 단짝일 필요는 없습니다. 공부를 고행처럼 느끼는 학생들도 자신에게 맞는 '공부 친구'를 찾는다면, 조금 더 즐겁게 배울 수 있지 않을까 하는 마음에서 이 이야기를 꺼냈습니다.

문득 떠오른 기발한 아이디어가 순식간에 사라진 경험, 누구나 한 번쯤은 있었을 것입니다. 가만히 명상을 한다고 해서 그 아이디어가 다시 떠오를까요? 대부분은 붙잡기도 전에 흩어지고 맙니다. 필요할 때마다 아이디어를 꺼내 쓰려면, 어딘가에 저장해 두어야 합니다. 거대한 자산을 가진 투자자도 작은 저축에서 시작했듯, 아이디어의 종잣돈도 '기록'에서 출발합니다.

그렇다면, 아이디어를 잘 기록하기 위해 우리는 무엇을 해야 할까요?

첫째, 지치지 않는 호기심을 가집니다. 아이디어 저축은 관심에서 시작합니다. 관심과 애정이 있어야만 주의 깊게 관찰하면서 아이디어를 캐낼 수 있습니다. 수업을 잘하기 위한 고민과 글로 학생을 설득하겠다는 의지는 아이디어를 캐기 위한 동력입니다.

관심을 가지니 도구들이 보입니다. 동네 도서관에 얌전히 꽂혀 있는 책은 모두 저의 먹잇감입니다. 아이디어 하이에나에게 걸리던 속수무책으로 속 내용을 보여 줘야 하지요. 저는 포스트잇과 노트, 펜으로 많은 아이디어를 사냥합니다. 서가를 돌아다니며 무수히 많은 책을 포획합니다. 아이디어에 굶주려 보세요. 도서관과 인터넷을 돌아다니며 많은 아이디어를 저장하게 될 것입니다.

둘째, 많은 걸 보고, 듣고, 읽고, 씁니다. 김익한 교수는『거인의 노트』에서 "성장은 기록으로부터 시작된다."라고 말하며, '양질전화量質轉化'라는 개념을 소개합니다. 노력도 양이 많아지면 질적인 변화가 온다는 것입니다. 기록을 많이 하다 보면 새로운 아이디어와 영감이 떠오르고, 내가 기록한 것들이 쌓이면 나의 가치는 올라간다는 것이지요. 개인적으로 깊이 공감하는 바가 있어 기록하는 삶에 희망을 걸기로 했습니다. 저 또한 기록의 양을 팽창시켜 아이디어의 보고로 만드는 것이 목표이며, 지금도 그 기록은 진행 중입니다.

기록을 보관하는 공간은 아날로그와 디지털 공간을 모두 사용합니다. 부동산 투자로 땅과 집을 소유하는 것은 힘들지만, 나를 기록하는 노트와 블로그는 얼마든지 확장할 수 있습니다. 아이디어가 넘치고 넘쳐 흘러내릴 때까지, 그래서 더 이상 쥐어짜지 않아도 될 때까지 기록하고 있습니다. 현재 독서 노트는 19권 정도 되고, 블로그의 글은 1,000여 개가 넘습니다. 계속 확장하는 중입니다.

경험의 유통기한은 매우 짧습니다. 시간이 지나면 잊히고, 폐기됩니다. 소중한 경험을 지켜내기 위해서는 어떻게 하면 좋을까요? 메모가 필수입니다. 다이어리, 노트, 독서록, 포트폴리오 등에 기록을 해 두어야 합니다. 디지털 메모장도 많이 활용합니다. 노션, 블로그에 조금이라도 기록해 두는 습관이 필요합니다. 사실을 그대로 묘사해도 좋습니다. 내 심장을 멎게 한 감동적인 순간은 꼭 기록해 두십시오. 그 정도의 감동이 아니라도 소소한 칭찬, 좌절의 순간 등을 캡처해 두세요. 아마추어와 전문가의 차이는 경험의 많고 적음이 아니라 그 경험을 활용하느냐 아니냐에 달려 있습니다.

다독상을 받을 만큼 책을 많이 읽었다 해도 기록이 전혀 없다면 한 권을 꼼꼼하게 읽고 기록한 학생보다 더 나은 독서를 했다고 자부하긴 힘듭니다. 처음부터 고차원적인 생각을 기록하는 작업이 힘들다면 필사도 좋습니다.

안도현 시인은 백석 시인의 시를 베껴 썼습니다. 《시와 연애하는 법》이라는 칼럼에서 그는 베껴 쓰기의 효과를 다음과 같은 비유로 설명했지요.

시의 앞날이 잘 보이지 않을 때, 어쩌다 눈에 번쩍 띄는 시를 한 편 만났을 때, 짝사랑하고 싶은 시인이 생겼을 때 당신은 꼭 베껴 쓰는 일을 주저하지 마라. 그러면 시집이라는 알 속에 갇혀있던 시가 날개를 달고 당신의 가슴 한쪽으로 날아올 것이다.

수업 시간에 자기소개서를 수기로 작성하는 활동을 진행했습니다. 다들 컴퓨터로 작업하는 데 익숙하다 보니, 수기로 작성하는 일이 다소 낯설고 어려웠던 듯합니다. 굳이 왜 손으로 써야 하는지 묻더군요. 몇 가지 근거를 알려 주었더니 바로 납득하고 열심히 적습니다.

- 인터넷으로 연결되어 있을 때, 남의 글을 무심코 복사하거나, 인공지능이 제안한 문장을 그대로 옮겨 적을 가능성이 높다.
- 차분히 생각을 끄집어내기에는 손으로 쓰는 것이 효과적이다.
- 글씨를 쓰다가 막히는 순간이 오면, 그 부분이 마음에 남아 다음에 더 훌륭한 글을 쓸 수 있다.

디지털 기술이 아무리 발달했다 하더라도, 교과 지식을 암기하거나 흩어지는 생각들을 한데 모으기 위해서는 아날로그적인 불편함도 감수해야 합니다. 독서 노트를 작성하거나 필사를 할 때 책 내용의 조각들이 종이 위에 모입니다. 노트에 써 내려가는 글자 하나하나가 자신의 영혼을 불어넣은 하나의 작품이고, 자신의 세계인 것입니다. 키보드로 두드리면 작업의 속도는 빨라질지 모르나, 깊이 새겨 넣고 오래도록 기억하기 위해서는 손가락에 힘을 주고 써 내려가는 과정이 필요합니다.

드라마 〈더 글로리〉에서 주여정은 문동은에게 바둑에 대해 이렇게 설명합니다.

"바둑을 한마디로 정의하면 집이 많은 사람이 이기는 게임이에요. 그래서 끝에서부터 가운데로, 자기 집을 잘 지으면서 남의 집을 부수면서 서서히 조여들어 와야 해요. 침묵 속에서 맹렬하게."

발표와 토론을 하거나 체육 시간에 축구를 하는 활동은 눈으로 보고, 귀로 들으며 생생하게 느낄 수 있습니다. 한마디로, 표가 납니다. 반면, 노트 필기를 하거나 기록 앱에 회고를 남기고, 독후감을 쓰는 일은 조용히 이루어집니다. 누군가에게는 매일의 일상이지만, 다른 사람은 알아차리기 어렵습니다.

"세상에서 가장 무서운 사람이 누구일까?"라고 물었습니다. 한 학생이 학생부장님의 이름을 말했고, 모두 함께 웃었습니다. 제가 의도한 답은 아니었지만, 틀린 답도 아니었지요.

그날 수업의 주제는 '기록'이었습니다. '기록'이라는 주제 안에서 가장 무서운 사람은 '꾸준히 하는 사람'입니다. 침묵 속에서 묵묵히 지금을 기록하고, 미래를 준비하는 사람. 그런 사람이 결국 가장 강한 사람입니다.

우리에게는 아직 시간이 많습니다. 그 말은 곧, 기록할 콘텐츠도 무궁무진하다는 뜻입니다. 지금부터 여러분이 쉽게 시작할 수 있는 몇 가지 기록 방법을 소개하겠습니다.

위의 5가지 외에도 기록의 방법은 수없이 많습니다. 중요한 건 부담 없이 시작할 수 있어야 합니다. 짧고 간단하게라도 나만의

	주제	설명
1	감정 일기	하루 중 가장 기억에 남는 감정을 짧게 적습니다. 감정이 요동칠 때는 이만한 게 없습니다. 스트레스를 받는 일도 노트에 쏟아버립니다. 속이 시원하게 풀릴 것입니다.
2	목표 달성 기록표	다이어리처럼 예쁘게 꾸밀 필요는 없습니다. 가장 가까이 두고 기록할 수 있는 노트면 됩니다. 일정 관리 앱도 활용 가능합니다. 공부 계획, 운동 습관, 독서 목표 등을 기록합니다.
3	사진과 함께 설명 덧붙이기	기억이 퇴색되기 전 포착한 순간을 기록합니다. 한 문장이라도 좋으니 사진에 대한 설명을 적습니다. 사진들이 모여 나의 역사책이 될 것입니다.
4	아이디어 노트	평소 떠오르는 생각, 질문, 고민 등을 자유롭게 기록해 둡니다. '내가 언제 이런 생각을 했지?'라며 스스로를 칭찬하게 될 것입니다.
5	책, 영화 리뷰	책이나 영화를 본 뒤 감상을 말하라고 하면, 선뜻 말이 나오지 않을 때가 많습니다. 짧게 두세 문장이라도 감상문을 쓰는 습관을 들이면, 표현력은 물론 감상력까지 함께 길러집니다.

언어로 적어야 합니다. 다양한 정보가 내 머릿속을 휩쓸고 지나가기 때문에 직접 요약하고 글로 표현해야 합니다. 글을 완벽하게 써야 한다는 부담감도 버리고, 글씨를 예쁘게 쓰고 싶다는 욕심도 버리세요. 그냥 꾸준히 쓰는 겁니다.

앞서 언급했듯이 세상에서 가장 무서운 사람은 꾸준히 하는 사람입니다. 종이든 디지털이든 자기에게 맞는 방식을 찾아 꾸준히 기록하는 사람만이 효과를 볼 수 있습니다.

여러분은 기록할 때 꾸준히 사용해 온 필기구가 있나요? 친구들에게 추천해 주세요.

예) 필기감이 좋은 펜, 종이의 질감이 좋은 수첩, 저장이 매끄럽게 잘 되는 앱 등

오늘 있었던 일 중 하나를 적는다면 어떤 문장으로 표현할 수 있을까요?

도서 김익한, 『거인의 노트』, 다산북스, 2023

영상 침묵 속에서 맹렬하게 #드라마 #더글로리

애정과 호기심이 담긴 능동적 시선

막 개업했지만 좀처럼 환자가 찾지 않아, 한동안 파리만 날리던 병원이 있었습니다. 안과 의사였던 아서 코넌 도일의 병원이었지요. 그는 호구지책으로 추리 소설을 쓰기 시작했는데, 그 작품이 바로 그 유명한 〈셜록 홈즈 시리즈〉입니다. 이야기 속 홈스는 큰 인기를 누리다 1893년 〈마지막 사건〉에서 숙적 모리아티 교수와 대결을 펼치고 폭포에 떨어져 죽습니다.

다시 말하지만 홈스는 가상의 인물입니다. 하지만 독자들은 출판사에 항의하는 것은 물론 그의 죽음을 애도하는 상장을 가슴에 달고 다니기도 했지요. 결국 독자들의 요청에 못 이겨 작가는 『셜록 홈스의 귀환』에서 홈스를 다시 살립니다.

　이토록 홈스가 사랑받을 수 있었던 비결은 단연 '논리와 관찰력' 덕분입니다. 그는 미세한 단서를 포착하여 모든 사건을 해결합니다. 독자가 사건을 하나씩 따라가며 추리하는 재미도 한몫을 했고요.

　홈스의 인기는 여전합니다. 2010년, BBC에서 방영된 드라마 〈셜록〉은 세계적으로 유명세를 치렀습니다. 빠른 편집과 감각적인 연출로 사건의 전개에 긴장감을 고조시켰지요. 21세기 런던을 배경으로 한 이 드라마에서 셜록 홈스는 인터넷을 활용하는 스마트한 모습을 보입니다. 또한 주연 배우 베네딕트 컴버배치는 날카로운 눈빛, 중저음의 빠른 말투로 괴짜 천재 홈스를 실감나게 연기했습니다. 셜록 홈스의 매력은 시대를 뛰어넘어 계속 이어지고 있습니다.

　홈스라는 캐릭터는 누구를 모티브로 했을까요? 코넌 도일이 공부했던 에든버러 의과대학의 교수 조지프 벨을 모델로 했답니다. 그는 환자가 진찰실에 들어와서 입을 열기도 전에 어떤 병인지 짐작했고, 환자의 증상과 생활 습관도 맞추었습니다. 벨 교수는 학생들에게 이렇게 가르쳤다고 합니다.

"추상적 이론이나 현학적 지식을 사용하지 말고, 눈과 귀와 손과 머리를 직접 써라."

관찰에 대한 그의 가르침은 홈스의 수사 원칙이 되었습니다.

생각의 시작점은 관찰이고, 관찰은 애정에서 비롯됩니다. 11월, 수시 전형에 지원해 면접을 앞둔 학생을 지도하고 있었습니다. 예상 질문 외에 제가 즉흥적으로 다른 질문을 했지요. '소비자의 니즈를 파악하는 개발자'가 되고 싶다는 학생이었는데, 그럼 현재 주변 사람들은 어떤 불편함을 겪고 있는지 관찰해 보았냐고 질문했습니다. 막힘없이 대답하더군요.

"제 주변 친구들은 대부분 취업을 준비하며 면접을 보고 있습니다. 하지만 제가 살고 있는 지역은 읍·면 단위의 소도시라 학원이 거의 없습니다. 친구들은 학업 성적에도 관심이 많지만, 심화 학습을 도와줄 수 있는 학원 정보가 부족한 실정입니다. 그래서 저는 '버스를 타고서라도 다닐 수 있는 학원의 위치와 정보를 알려 주는 앱이 있다면 좋겠다'라는 생각을 하게 되었고, 이를 바탕으로 캡스톤 프로젝트에서 실제로 앱을 제작해 보았습니다."

취업과 성적이 고민인 친구들을 관찰했기에 나올 수 있는 대답입니다. 또한 읍면 지역에서 살아 봤기에 느낄 수 있는 불편함입니다.

중학교 시절, 담임 선생님께서는 저에게 이런 칭찬을 해 주셨습니다.

"너는 수업 시간에 눈이 반짝거려."

제 눈이 예쁘다는 칭찬은 당연히 아닙니다. 눈의 생김새를 떠나 순간에 집중하는 사람의 눈빛은 반짝거립니다. 홍채 중심에 있는 지름 2~6mm의 빈 공간을 동공이라고 하는데요. 빛은 각막을 통과한 후 동공을 통해 들어오기 때문에 동공이 커지면 안구로 들어오는 빛의 양도 많아집니다. 호기심이 발동하면 동공의 크기는 커지므로 눈이 더 반짝이는지도 모르겠네요.

예상하지 못한 결과에는 '응?', 이해하지 못한 현상에는 '왜?', 반복되는 상황에는 '또?'라고 질문을 던지는 사람들이 있습니다. 거기다 날카로운 눈빛으로 우리가 보지 못했던 구석구석을 알려 주지요. 모두가 시대의 흐름을 간파하는 전문가가 될 필요는 없지만, 적어도 내 일상의 중요한 한 지점을 애정을 담아 바라보는 눈은 필요하다고 생각합니다.

일상을 날카롭게 응시하는 눈은 '탐구'의 시작이 됩니다. 어느 과학자는 사과 하나를 오래 바라보다가 중력을 발견했습니다. 한 화가는 해바라기를 몇 주 동안 관찰하며 명작을 완성했고요. 어떤 작가는 길가에 핀 꽃 한 송이를 보고 한 편의 시를 써 냈지요. 주변을 천천히 둘러보면 세상에는 흥미롭고 궁금한 일들이 가득합니다. 궁금증을 놓치지 않고 붙잡는 힘이 바로 관찰력이지요. 그리고 그 궁금증을 조금 더 파고들려는 용기가 탐구력입니다. 이 과정이 반복되면 누구도 흉내 낼 수 없는 자기만의 시선을 갖게 됩니다.

에세이 『매일의 감탄력』에서 작가는 무언가에 진심으로 감탄하고 좋은 점을 인정하는 능력을 '감탄력'으로 정의했습니다. 타인의 잘못된 점을 지적하려고 혈안이 되어 있는 요즘은 오히려 좋은 점을 발견하고 경탄하는 것도 재능이라는 것이지요. 다른 사람의 눈에 보이지 않는 무언가를 볼 수 있는 이유는 자신만이 가진 '스토리 레이더망'에 걸려서일 수 있다는 것입니다.

인생은 숨을 쉬는 횟수가 아니라 숨 막힐 정도로 벅찬 순간을 얼마나

한마디로 가슴 뛰는 순간을 많이 경험하라는 겁니다. 그렇다고 매일 이벤트와 축제로 삶을 채워 갈 수는 없지요. 남들과 비슷한 일상을 보내면서도 벅찬 순간들을 맞이하는 방법은 바로 '관찰'입니다. 그냥 '보는 것'이 아닙니다. 사물에 애정을 가지고 바라보는 일입니다. 쉽게 지나칠 수 있는 일상에서 보석을 찾을 수 있는 비법은 '관찰'입니다.

유홍준 교수는 『나의 문화유산답사기』에서 "사랑하면 알게 되고, 알게 되면 보이나니, 그때 보이는 것은 전과 같지 않으리라."라고 했습니다. 이는 곧 관찰의 본질이 애정에서 시작된다는 뜻이겠지요.

고백하자면 저는 보이 그룹 세븐틴의 멤버가 총 17명인 줄 알았습니다. 많은 사람들이 그렇게 생각했을 거예요. 우연히 한 예능에서 그들을 본 후 관심을 가지게 되었습니다. 17명이 아니라 13명이었고, 각자의 개성을 드러내면서도 전체 흐름을 해치지 않는 예능감이 인상적이었습니다. 아이돌에는 별로 관심이 없었지만, 세븐틴에 대해서는 이전에 보이지 않던 것들이 하나둘씩 눈에 들어오기 시작했습니다. 그중 하나가 바로 조슈아와 버논의 유창한 영어였고, 인터뷰 영상을 보면서 영어 공부를 하기도 했습니다.

이렇듯 알게 되면 보이는 것이 무수히 많습니다. 우리가 세상을 바라보는 눈은 단지 시각적 감지 이상의 의미를 가질 수 있습니다. 단순히 '본다'는 행위를 넘어서, 마음으로 바라보는 관찰에는 더 깊은 이해와 감정이 깃들게 마련이지요.

이와 같은 철학을 시로 담아낸 작품이 있습니다. 작고 연약한 풀꽃 하나를 통해, 나태주 시인은 우리에게 조용히 속삭입니다. 그저 스쳐 지나가면 보이지 않지만, 자세히 들여다보고 오래 바라보면, 그 안에 담긴 아름다움과 사랑스러움을 비로소 깨닫게 된다는 메시지입니다.

아마 여러분도 한 번쯤은 접해 본 익숙한 시일 것입니다. 그 짧고 단순한 시 속에는, 관찰이라는 행위가 얼마나 깊은 공감과 연결로 이어질 수 있는지를 보여 주는 철학이 담겨 있습니다.

관찰은 단지 예술가나 시인만의 능력은 아닙니다. 사업가, 과학자, 발명가 그리고 우리 모두가 일상에서 활용할 수 있는 힘입니다.

LG전자의 '소독 세탁기'는 중국 시장에서 크게 성공했습니다. 가만히 일상을 들여다보니 한국인의 세탁 방식과 조금 다른 점이 있었다고 합니다. 중국인들은 '세탁 전 소독을 한다'는 특이한 패턴을 발견한 거지요. 중국인은 위생 관념이 약할 것이라는 선입견이 있었는데요. 오히려 중중 급성 호흡기 증후군^{SARS}, 황사, 신종 인플루엔자 등으로 바이러스나 세균에 민감하게 반응해 왔다는 겁니다. 현지 소비자들의 감춰진 니즈^{needs}를 정확히 파악해 내놓은 상품이 바로 '소독 세탁기'였습니다. 인기 상품이 된 것은 어쩌면 당연한 결과였겠지요.

'소비자의 불편을 덜어 주겠다'라는 따뜻한 마음이 '숨어 있는 불편함을 찾아내는' 날카로운 탐정의 눈과 만날 때, 세상을 놀라게 할 대박 상품이 탄생합니다. 혁신적인 제품과 서비스는 애정과 관찰의 완벽한 조화에서 시작됩니다. 고객은 불편함을 호소하지만, 무엇이 문제인지 정확히 표현하지 못합니다. 또한 너무 익숙해서 불편함 자체를 느끼지 못하는 경우도 많습니다. 관찰력이 뛰어나다면 작은 단서 하나도 놓치지 않는 탐정처럼 숨겨진 이면을 알아낼 수 있습니다. 겉으로 드러나는 행동, 미묘한 표정, 반복되는 패턴 속에서 그들이 느끼는 '진짜 불편함'을 포착해 내는 것이 핵심이지요.

다시 한번 강조하지만, 세상을 바꾼 발견은 아주 작은 관찰에서 비롯되었습니다. 그렇다면, 관찰을 잘하려면 어떻게 하면 좋을까요?

첫째, 스마트폰 밖의 세상에 대해서도 관심을 가집니다. 귀에는 이어폰을 낀 채, 스마트폰만 뚫어지게 쳐다보는 학생들이 많습니다. 무료한 자투리 시간에는 쇼츠를 시청하는 것으로 시간을 낭비합니다. 잠시라도 자극이 멈추면 불편해 합니다. 하지만 자극의 양과 유의미한 결과는 비례하지 않습니다. 많은 자극이 오히려 관찰력을 방해할 수 있습니다. 멍때리다 평소 보이지 않던 것들이 눈에 들어오기도 합니다. 잠깐이라도 천천히 주변을 둘러보는 시간을 가져 보세요.

둘째, 선입견을 버리세요. 열린 마음으로 보는 겁니다. 한 학생이 이런 말을 했습니다. "옆에 앉은 이 친구는 첫인상이 좋지 않았어요. 웃지도 않고, 말도 안 해서 어둠의 인간이라고 선입견을 가졌는데요. 자꾸 보다 보니 속이 깊고, 다정하다는 걸 알게 되었어요. 사람을 볼 때 미리 판단하지 않으려고요." 첫인상과 선입견으로 친구를 판단했다면 그 친구의 진짜 모습은 아직도 베일에 싸여 있었겠지요.

셋째, 어떻게든 기록합니다. 매번 수첩을 들고 다니라는 말은 하지 않겠습니다. 스마트폰이 항상 옆에 있으니 인상적인 장면이 있다면 사진이라도 찍어 둡니다. 메모장에 키워드라도 기록해 둡니다. 뭐든 흔적을 남겨 두십시오. 나중에 필요하게 되면 그때 살

펴봐도 됩니다. 눈과 마음에 충분히 담아 두었더라도 하루만 지나
면 휘발되고 맙니다. 기억으로만 남기면 금세 흐려집니다. 메모,
그림, 사진 등으로 기록하면 더욱 정밀하게 볼 수 있고, 쌓이다 보
면 나만의 자료가 됩니다.

넷째, 다른 사람과 의견을 나누어 보세요. 관찰의 시야가 넓어
집니다. 내가 생각지도 못했던 것을 친구는 생각합니다. 친구가
놓쳤던 부분을 나는 정확하게 볼 수 있습니다. 다른 사람의 시각
과 해석을 들으면서 새로운 아이디어가 생기기도 합니다. 아무리
인상적인 장면이라도 혼자만의 생각으로 빚어내기보다는 다른
사람과 함께 공유하면서 나은 작품이 탄생하기도 합니다.

도서 김규림, 『매일의 감탄력』, 웨일북, 2024
　　　　나태주, 『꽃을 보듯 너를 본다』, 지혜, 2020

영상 셜록 시즌1 1화 명장면

제 4 장

미래의 나를 바라보며 나아가고 있을까?

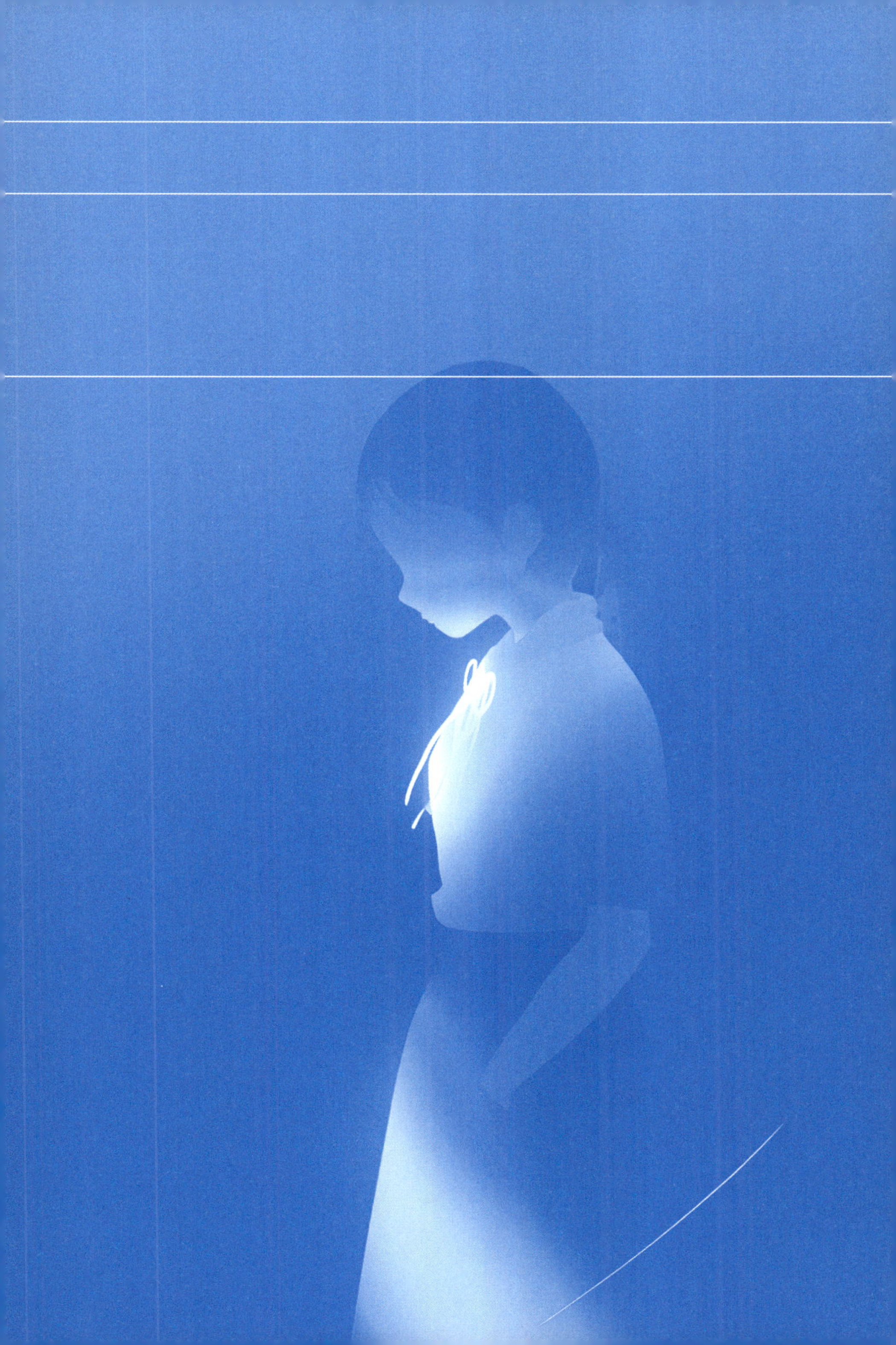

마음에 불을 지피는 부싯돌

배우들의 입금 전, 입금 후 사진을 본 적 있으신가요? 배불뚝이 아저씨가 근육질의 사나이로 변신하고, 이중턱이 브이라인으로 바뀐 그런 사진 말이에요. 영화 촬영이 시작되기 전, 배우들은 혹독한 자기 관리를 합니다. 그 드라마틱한 변신 과정을 '입금 전, 입금 후'라는 제목으로 보여 주더군요.

이처럼 돈은 외적 동기를 유발하는 가장 큰 수단입니다. 돈의 힘은 강력하지요. 그렇다고 돈이 인생의 전부라는 뜻은 아닙니다. 돈보다 더 고귀한 목표를 향해 나아가는 사람도 있고, 하고 싶은 일을 하면서 성공하는 사람도 있습니다. 배우들도 단지 돈 때문에 체중을 조절하는 것은 아닐 겁니다.

입금이 되면 자기 관리를 하는 배우들처럼 대부분의 사람도 하고 싶은 일을 하기 위해 하기 싫은 일을 참아 냅니다. 의사가 되기 위해 힘든 공부를 참아내고, 유명한 축구 선수가 되기 위해 지옥 같은 훈련도 견뎌 내죠. 배우들도 캐릭터에 걸맞은 피지컬을 갖추기 위해 텁텁한 닭가슴살만 먹거나, 때로는 물만 먹고 버티기도 합니다. 이렇듯 참아 내기 위해서는 강력한 동기가 우선되어야 합니다.

먼저, 두 학생을 비교해 보겠습니다.

A 학생	이대로 있다가 대학도 못 갈 거라고 머릿속에서 망치질을 해 댑니다. 수학 문제를 풀다 보니 성취감도 느끼고 스스로가 자랑스러워집니다.
B 학생	선생님이 사탕을 주시면 수업에 참여합니다. 성적에 따라 용돈의 금액이 달라집니다.

의의 두 학생 중 누가 더 성적이 향상될까요?

동기는 크게 두 가지 형태로 나타납니다.

첫째는 내적 동기입니다. 이는 외부의 보상이나 압력 없이, 스스로의 만족감, 흥미, 성취감 등 내면에서 우러나오는 욕구 때문에 행동하는 것을 말합니다. 예를 들어, 순수한 호기심 때문에 어려운 문제를 파고들거나, 좋아하는 그림을 그리는 행위 자체가 즐거워 시간을 잊는 경우가 여기에 해당합니다. 내적 동기는 외부의 환경 변화에도 흔들리지 않고 꾸준히 지속할 수 있는 강력한 힘을 가지고 있습니다.

둘째는 외적 동기입니다. 이는 보상, 인정, 처벌 회피 등 외부적인 요인에 의해 유발되는 동기입니다. 좋은 성적을 받기 위해 공부하거나, 승진하기 위해 업무에 매진하는 것이 그 예시가 될 수 있습니다. 외적 동기 또한 목표 달성에 중요한 역할을 하지만, 때로는 외부 요인이 사라지면 동기 자체가 약해질 수 있다는 한계가 있습니다.

두 가지의 동기가 적절한 순간에 빛을 발휘한다면 시너지 효과가 생기겠지만, 무엇이 더 중요한지 묻는다면 당연히 내적 동기입니다. 아무리 엄마가 공부하라고 잔소리하고 다그쳐도 공부 근처에도 가지 않는 것은 공부를 해야겠다는 내면의 불꽃이 꺼져 있기 때문입니다.

공부를 해야겠다고 깨닫는 순간은 누구에게나 옵니다. 이르면 앞니가 빠진 초등학생 시절부터 공부에 대한 의지를 불태우기도 하고, 늦게는 취준생이 되어 '공부를 좀 할 걸' 후회하는 순간이 찾아옵니다.

저는 아직 공부한 것에 대해 후회하는 사람은 본 적이 없습니다. 조사는 해 보지 않았지만 99.9%는 하지 않은 것을 후회할 겁니다. 그럼 해야 하는 걸 알면서도 왜 공부를 하지 않을까요? 그 이유는 공부해야겠다는 내적 동기가 부족해서입니다. 동기는 우리를 움직이게 하는 마음속의 에너지입니다. 또한 목표를 향해 나아가게 하는 강력한 추진력입니다. 아직 동기의 불씨를 지피지 않았기 때문에 공부를 하지 않는 것입니다.

밤늦게까지 게임에 몰두하고, 아이돌 영상을 몇 시간씩 찾아볼 때는 시간 가는 줄 모릅니다. 그런데 수학 문제집을 펼치고, 영어 단어를 외울 땐 하품이 나오지요. 바로 이 지점에서 미국의 심리학자 데시Deci와 라이언Ryan은 '자기결정성 이론'을 말합니다. 이 이론에 따르면 사람에게는 세 가지 심리적 욕구가 있습니다.

1. **자율성**: 내가 선택한다는 느낌

2. **유능감**: 내가 잘하고 있다는 느낌

3. **관계성**: 누군가와 연결돼 있다는 느낌

우리가 무엇을 할 때, 특히 학습할 때 자율성, 유능감, 관계성이라는 심리적 욕구가 얼마나 충족되는지에 따라 동기가 달라집니다. 이 세 가지 욕구가 만족되면, 공부도 게임처럼 몰입할 수 있게 되겠지요.

'자기결정성 이론'에 따라 동기의 불씨를 지핀다면 어떤 방법이 좋을까요?

첫째, 누가 시켜서가 아니라, 스스로의 의지로 무언가를 해 봅니다. 자율성은 스스로 선택하고 결정할 수 있다는 느낌입니다. 당장 시험공부할 때를 생각해 보세요.

(예시) ・ 이번 시험 때는 내가 약한 과목을 보완할까? 아니면 점수를
올리기 쉬운 과목부터 공부할까?
・ 참고서와 문제집은 어떤 것을 선택할까?

인강을 들으면서 공부할까? 주변에 소문난 학원에 등록할까?

스스로 맞는 학습 방법을 찾고, 시간 관리의 우선순위를 정합니다. 참고서나 인강을 선택할 때도 친구나 선생님의 추천을 들되, 내가 직접 내용과 수업 스타일을 확인하고 결정합니다. 수행 평가 주제가 주어지면 나의 관심사를 녹여 냅니다. 예들 들어, 역사 보

고서를 작성하는 과제라면 내가 좋아하는 영화나 게임 속의 역사적 배경을 파고드는 것입니다. 실제로 한 학생은 아이돌 그룹을 너무 좋아하여 그 아이돌을 모델로 방 탈출 게임을 만들었습니다.

일상에서 자율성을 높이는 것도 중요합니다. 예를 들어, 쉬는 시간에 무엇을 할지, 주말에 어떤 활동을 할지 등에 관한 작은 부분부터 스스로 선택하는 연습을 합니다. 부모님이나 주변 어른들과 대화할 때도, 무조건 "네"라고 답하기보다는 "제 생각에는요"하고 자신의 이견을 표현하는 연습을 해 봅니다.

둘째, 작은 성공 경험을 많이 쌓아 둡니다. 유능감은 자신이 어떤 과제를 성공적으로 수행할 수 있다는 믿음입니다. 작은 성공이 쌓이면 '무엇이든 할 수 있다'라는 자신감이 생기면서 더 큰 도전에 나서게 됩니다. 큰 목표가 부담될 때는 잘게 쪼개세요. 사소한 목표라도 괜찮습니다. 목표를 달성한 경험이 중요합니다. 책상 위, 사물함 안쪽을 정리해 본 적이 있으신가요? 단 한 번이라도 스스로 도서관에 가서 공부를 한 적은요? 누군가에게는 당연한 것도 해 보지 않은 사람에게는 큰 용기가 필요하답니다. 스스로 무언가를 이뤄 냈을 때는 충분히 칭찬받을 만하지요. 티끌 모아 태산이라는 말이 괜히 있는 게 아닙니다. 작은 성공들이 모이면 다음 단계로 나아갈 힘이 되어 줄 것입니다.

설령 실패하더라도, 그 또한 성장의 일부라고 생각하는 긍정적인 마음가짐이 중요합니다. 그래야만 뭉근히 끓는 수프처럼 지속적인 동기를 지닐 수 있습니다. 수프를 끓일 때 천천히 저어 주어야만 냄비의 아랫부분이 타지 않습니다. 수프를 불 위에 올려만 두고 방치해 버리면 결국엔 밑에서부터 타는 냄새가 올라올 겁니다. 꾸준히 할 수 있는 힘은 긍정적인 마인드에서 옵니다. 한 번 실패했다고 포기하고 방치해 버리면 기껏 올려놓은 내적 동기도 젓지 않고 내버려 둔 수프처럼 될 것입니다.

(예시) · '수학 문제집 한 권 다 풀기'라는 거창한 목표 대신 '오늘 수학 문제 5개 풀기', '일주일 안에 한 단원 끝내기'처럼 작게 쪼개는 겁니다. 작은 목표를 달성한 후에는 좋아하는 음악 듣기, 카페에서 쉬기 등 스스로에게 보상을 해 줍니다.

시험 점수가 안 좋거나 과제에서 지적을 받으면 '나는 역시 안 돼'라고 좌절하기보다는 구체적으로 어떤 점을 보완해야 하는지 생각해 봅니다. 부정적인 피드백도 나를 발전시킬 수 있는 성장 지점입니다.

공부가 아니어도 유능감을 키울 수 있는 분야는 많습니다. 그림 그리기, 노래, 운동, 코딩, 글쓰기 등 내가 남들보다 조금이라도 잘하거나 흥미가 느껴진다면 그 부분을 적극적으로 키웁니다. 그 분야에서의 작은 성공 경험이 다른 분야에도 긍정적인 영향을 미칠 수 있으니까요.

셋째, 다른 사람과 소통하면서 유대감을 기릅니다. 관계성은 다른 사람들과 연결되어 있다는 느낌, 즉 소속감과 친밀감에 대한 욕구입니다. 학습 공동체나 스터디 그룹을 통해 서로 질문하고 설명해 주면서 지치지 않고 공부할 수 있습니다. 학교 동아리 활동, 교내 멘토링 프로그램 등 친구들과 함께 배우고 소통할 수 있는 기회를 적극적으로 활용해 보세요. 혼자서는 해결하기 어려운 문제도 함께라면 쉽게 풀릴 수 있습니다. 학습 고민이든 진로 고민이든 지지하고 응원하는 사람들이 있다는 걸 느낀다면 동기 부여가 커질 것입니다.

2002년 월드컵 당시 '꿈은 이루어진다Dream comes true'라는 문구는 많은 이들에게 희망을 주었습니다. 하지만 문구 안에는 숨겨진 전제가 있습니다. '꿈은 (준비된 사람에게만) 이루어진다.' 꿈을 향해 나아가는 과정은 단순히 환상만으로 이루어지지 않습니다. 때로는 실패하고 좌절하며 무너지기도 합니다. 이때 우리를 다시 일어서게 하고 앞으로 나아가게 하는 힘이 바로 동기입니다.

한 예능에서 그룹 세븐틴의 멤버 버논이 이런 말을 하더군요.

"꿈이 커야 깨져도 조각이 크다."

여기서 말하는 꿈의 크기는 말도 안 되는 높은 수준의 목표를 말하는 건 아닙니다. 저는 절실함의 정도라고 해석했습니다. 내가 얼마나 하고 싶은가에 따라 꿈의 크기가 결정되는 것입니다. 내가 하고 싶은 일에 대한 절실함, 그것이 동기입니다. 절실함이 크다면 구체적으로 목표를 세우고, 수시로 잘하고 있는가를 측정하게 될 것입니다.

가장 재미있게 몰입했던 활동은 무엇인가요? 공부 외 어떤 것이든 괜찮습니다. 왜 그 활동이 즐거웠나요?

어떤 과목이나 활동에서 '내가 이걸 해냈다'라는 뿌듯함을 느껴 본 적이 있나요? 그때의 기분은 어땠나요?

혼자 공부할 때 더 잘 되는 편인가요, 아니면 친구들과 함께 공부하거나 질문할 때 더 효과적인가요? 그 이유는 무엇인가요?

가장 힘들거나 재미없는 과목이 있다면, 그 과목이 '재미있어지려면' 무엇을 어떻게 바꿔야 할까요?

도서 권혁진, 『공부하기가 죽기보다 싫을 때 읽는 책』, 다연, 2019

영상 [세븐틴/버논] 너무 멋진 말 해 주는 중

잠재력의 그러데이션

한 노인이 눈을 감고 지난 삶을 회상합니다.

세상을 바꾸고 싶었다.

멋지고 근사한 꿈이었다.

하지만 꿈은 너무 거대했고, 나는 너무 작았다.

그래서 나라를 바꾸려 했다.

그러나 나라가 멀게 느껴지자 도시를 바꾸려 했다.

도시조차 바뀌지 않자, 가족을 지키는 일에 집중했다.

그리고 세월이 흘러,

미래의 나를 바라보며
나아가고 있을까?

위대한 변화는 언제나 가장 작은 시작점에서 비롯된다는 걸 노인이 되어서야 알게 된 것이죠. 지금 당장 세상을 바꾸지 못한다고 낙심하지 마세요. 오히려 나 자신을 바꾸기 위해 오늘 무엇을 할 수 있을지 고민해 보세요. 세상은 한순간에 바뀌지 않지만, 내 마음 하나, 내 태도 하나는 오늘 당장 바꿀 수 있습니다.

나를 바꾸는 것은 작지만 가장 확실한 출발점입니다. 내가 더 성실해지고, 더 따뜻해지고, 더 용기를 낸다면 그 변화는 파도처럼 번져 가족, 친구 그리고 결국 세상을 움직이게 될 것입니다. 변화는 언제나 '나'로부터 시작됩니다.

우리는 다른 사람을 바꾸기 위해 설득을 하고, 조언을 하고, 모델링을 합니다. 그런데 어떤가요? 누군가에 의해 내가 바뀌었다고 생각하나요? 나를 바꾸는 건 그 누군가가 아니라 자기 자신입니다. 저도 학생들의 마음을 바꾸기 위해 다양한 시도를 했습니다. 책도 읽고, 상담도 하고, 잔소리도 하고, 화도 냈습니다. 학생들에게 정말 변화가 있었는지는 잘 모르겠습니다.

하지만 확실한 것이 하나 있습니다. 바로 제가 바뀌었다는 것입니다. 학생을 바꾸기 위해 책을 많이 읽다 보니, 어느새 제 행동이 조금씩 바뀌기 시작했습니다. 스마트폰을 들기보다, 자꾸 책을 들게 되더군요. 주말이면 무의미하게 TV를 보던 저는 이제 가방을 챙겨 동네 도서관으로 갑니다.

바나나 한 송이를 사면 그날은 떫은맛이 나다가 하루 이틀 지나서 먹으면 맛있습니다. 좀더 지나면 껍질이 까매지기 시작합니다. 초파리들은 이 순간을 놓치지 않습니다. 마지막 남은 바나나는 결국 물컹해져서 초파리의 밥이 되어 쓰레기통으로 직행하지요.

이러한 불편함을 해소하기 위해 아이디어 상품이 등장했습니다. 숙성 정도가 서로 다른 바나나를 포장해 판매하는 사례에 대한 기사를 보았습니다. 가장 왼쪽의 바나나는 샛노란 색으로, 바로 지금 먹기에 가장 맛있는 상태이고, 가장 오른쪽의 바나나는 아직 초록색을 띠며, 약 일주일간의 숙성이 필요한 바나나입니다.

하루에 하나씩 먹는다고 가정하면, 매일 가장 맛있는 바나나를 즐길 수 있는 장점이 있습니다.

숙성 정도를 달리한 '그러데이션 바나나 세트'는 소비자의 구매욕을 자극합니다. 그러데이션은 색상이나 명도, 농도 등이 점진적으로 변화하는 상태를 말합니다. 단조롭던 배경 화면을 은근하게 강조해 주기도 하고, 눈 화장을 할 때도 그러데이션 화장법으로 자연스러운 매력을 연출합니다.

성장의 농도도 점차 짙어지겠지요. 공부를 하면 할수록, 책을 읽으면 읽을수록 우리의 뇌는 점점 더 단단해지고 성장할 것입니다. 반대로, 의미 없는 활동에 시간을 보내다 보면, 우리의 뇌는 점점 퇴화되어 마치 숙성을 지나쳐 거무칙칙해진 바나나처럼 활력을 잃을지도 모릅니다.

이미 수많은 책에서 AI 시대를 살아갈 인간에게 필요한 역량에 대해서 언급해 왔습니다. 용어만 조금씩 다를 뿐이지 자세히 들여다보면 한목소리로 외칩니다.

"태도"

태도가 능력이 되는 세상입니다. 성적표를 받아보면 조그마한 글씨로 '전교 OO등'이라고 적혀있는데, 그 숫자로 학생들의 희비가 엇갈립니다.

숫자에 집착하는 학생들이 매우 많습니다. 실은 숫자 자체보다는 그 숫자를 가지기 위해 노력하는 태도가 더 중요한데 말이죠. 등수가 의미 없다는 건 아닙니다. 훌륭한 성적을 낸 학생의 가치를 깎아내리는 것도 아닙니다. 하고 싶은 일을 하기 위해 하기 싫은 일을 견뎌 냈기 때문에 그들의 노력은 충분히 존중받을 가치가 있습니다. 다만 숫자로는 보여 줄 수 없는, 숫자 너머의 역량과 태도를 길러야 하는 세상이 왔음을 강조하고 싶습니다.

마트에서 산 초록색 바나나가 관심을 받지 못해 시커멓게 변했습니다. 초록색에서 갑자기 시커멓게 변하는 바나나는 없습니다. 먹기 좋은 노란색에서 점진적으로 변하고 있었습니다. 그 시간을 놓친 건 저의 불찰입니다.

나무에 주렁주렁 매달린 초록색 사과가 있습니다. 농부의 사랑과 따사로운 햇빛을 머금고 자라납니다. 갑작스러운 태풍에 떨어질 뻔했지만 용케도 견뎌 냈습니다. 보살핌을 받은 사과는 선명한 빨간색으로 성장합니다.

똑같은 초록색 과일이었지만, 방치된 바나나는 초파리의 공격을 받고, 진심을 다해 키운 사과는 손님의 사랑을 받습니다.

태도에는 벼락치기가 없습니다. 천천히, 하루에 1mm씩 조금씩 나아가다 보면 나도 모르게 선명한 빨간색의 사과로 거듭나지 않을까요? 그렇게 점진적으로, 나도 남들도 모르게 변화합니다.

"인간은 고쳐쓰는 게 아니야."

드라마 속 단골 대사입니다. 정말 나를 고칠 수 있는 방법은 없는 걸까요?

일본의 경제학자 오마이 겐이치는 『난문쾌답』에서 인간을 변하게 하는 세 가지를 제시했습니다.

인간을 바꾸는 방법은 3가지뿐이다.

시간을 달리 쓰는 것,

사는 곳을 바꾸는 것,

새로운 사람을 사귀는 것.

이 3가지 방법이 아니면 인간은 바뀌지 않는다.

'새로운 결심을 하는 것'은 가장 무의미한 행위다.

일본의 경영 컨설턴트의 솔루션을 해석해 보면 이런 결론이 나옵니다.

시간을 달리 쓰는 것은 무의미하게 시간을 허비하지 말라는 것입니다. 틈새 시간을 확보해 운동을 하거나 책을 읽으면 좋겠지요. 하루에 하나씩 뿌듯한 경험을 하거나, 일과를 기록하고 버린 시간을 계산해 봅니다. 하기 싫지만 중요하고 긴급한 일은 빨리 처리하고, 쇼츠 영상을 볼 시간에 책을 펼쳐 봅니다.

사는 곳을 바꾸라는 것은 이사를 하라는 말은 아닐 것이고, 여행이나 체험 등의 다양한 경험을 하거나, 집중이 잘되는 환경으로 바꾸라는 것입니다. 같은 공간이라도 5분만 시간을 투자해서 정리를 한다거나, 자주 방문하는 온라인 환경도 건설적이고 도움이 되는 곳으로 들어가라는 뜻입니다.

새로운 사람을 사귀는 것은 기존의 친구들과 거리를 두라는 것이 아니라 좋은 친구를 사귀라는 뜻이겠지요. 평범한 친구의 모습에서 장점을 발견하고, 벤치마킹을 할 수도 있습니다.

사람은 쉽게 바뀌지 않겠지만, 그렇다고 해서 항상 그대로의 모습을 지닌 것도 아닙니다. 느끼지 못할 정도로 서서히 변해 갑니다.

제가 작가라는 호칭을 듣게 될 줄은 아무도 예상하지 못했습니다. 이제 막 펜을 잡아 들었을 무렵의 저는, 초록색 바나나처럼 아직 떫고 미숙하기만 했습니다. 전혀 익지 않은 상태였죠.

학교 홍보차 예전 학교에 방문했습니다. 친하게 지냈던 선생님과 대화를 나누다가 제 책 이야기가 나왔습니다. 그 선생님이 깜짝 놀라더군요. 본인이 학교 도서관에 작가 최영숙의 책을 신청했는데, 저의 책인 줄 몰랐다고요. 함께 근무할 때만 해도 아무도 제가 글을 쓸 거라고는 상상하지 못했습니다. 마음속 깊은 곳에 글쓰기의 씨앗조차 심지 않았으니까요.

지금은 글쓰기가 일상이 되었습니다. 글을 쓰기 위해 아침에 일찍 출근합니다. 남들보다 한 시간 일찍 도착하여 하고 싶은 이야기를 써 내려갑니다. 타닥거리는 키보드 소리와 아침의 공기는 오늘의 출발선이고, 근무 시간 전 나를 위한 가장 유용한 행위입니다.

하고 싶은 이야기를 정리하면서 수업 자료와 접목시키는 것도 잊지 않습니다. 의외로 아이들은 선생님의 이야기에 관심을 기울입니다. 마치 수업이 아닌 것처럼 교묘하게 옷을 입히면 선생님의 잔소리가 아니라 인생 이야기로 듣습니다. 그걸 이루기 위해 아침의 공기를 마십니다. 그렇게 저의 씨앗은 초록색의 바나나에서 점점 익어 갑니다. 하루아침에 수업 명장이 되고, 대문호가 되는 것은 불가능합니다. 그래도 저는 눈에 띄지 않게 조금씩 성장하고 있습니다.

흔들리는 세상에서도 나를 지켜 나가면 기회는 있습니다. 일반고 고3 학생들은 두 부류로 나뉩니다.

첫째는 '지금 해 봐야' 부류입니다. '어차피 재수생이 들어와 등급 컷도 내려갈 텐데 지금부터 공부해 봐야 성적이 올라가겠어?'라며 자기 회의에 빠져 공부하지 않는 자신에 대한 핑계를 대는 학생입니다.

둘째는 '지금이라도' 부류입니다. 1, 2학년 때 놀았으니 지금이라도 마음 잡고 공부해야겠다는 학생입니다. 실제로 이런 학생이 있긴 하지만, 많지는 않습니다.

현재 상황이 흔들리는 나뭇가지 위에 있는 새처럼 불안할 것입니다. 게다가 자주 바뀌는 입시 제도로 인해 흔들리는 나무 위에서 눈을 감고 서 있는 것처럼 느껴질지도 모릅니다. 하지만 그중에서도 멘털을 부여잡고 자신의 능력을 믿는 학생도 있습니다. 만약 옆에 그런 학생이 있다면, 이유 없는 질투심으로 빈정거리지 말고 함께 공부해 보길 바랍니다.

여러분의 어떤 모습을 바꾸고 싶은가요? 그 모습을 바꾸기 위해 현재 해야 할 일은 무엇인가요?

자신이 직접 경험한 '작은 습관의 반복이 큰 변화로 이어졌던 경험'을 이야기해 볼 수 있나요?

함께 하면 좋은 진로 친구　　　　　○ ＿ ✕

도서　댄 코커렐, 『디즈니 리더십 수업』, 박여진, 현대지성, 2023

영상　• 워런 버핏이 말하는 10,000시간의 법칙

　　　• 삶에서 인맥보다 긍정적인 태도가 중요한 이유 |
　　　　미생 명장면 인생 조언 장그래 오차장

익숙함을 버리고
미지의 세계로

'세계 문학사에서 가장 훌륭하고 중심적인 작품은 무엇인가?'

2022년, 노르웨이 노벨 연구소에서는 100명의 작가에게 설문 조사를 시행했습니다. 여러분은 어떤 작품이 떠오르시나요?

셰익스피어, 톨스토이, 도스토옙스키의 작품을 밀어내고 대망의 1위를 차지한 작품은 바로 『돈키호테』였습니다. 17세기 스페인 소설로 뮤지컬, 연극, 영화 등 다양한 형태로 우리 앞에 등장하면서 꿈과 이상을 위해 행동하라고 외칩니다. 용기 있게 행동하는 인간의 대명사가 되었지요.

그에게서 배울 수 있는 용기야말로 일상에서 가장 필요한 요소이기도 합니다. 용기가 없다면 작은 것 하나라도 제대로 할 수 없는 무기력한 인간이 될 수밖에 없으니까요.

비록 일인자가 되지 못해도, 성공으로 끝맺음하지 못하더라도 실망할 필요가 없습니다. 도전하는 용기만 있다면 인생의 어느 지점에서는 원하는 바를 이룰 수 있습니다. 목표 지점까지 도착하지 못했다고 실패한 건 아닙니다. 시도하지 않는 사람은 알 수 없는 용기 아이템을 획득했으니까요. 돈키호테 같은 중년의 두 친구를 소개하겠습니다.

텐트에서 곯아떨어져 자고 있는데 흑곰이 우람한 엉덩이로 짓눌러 버립니다. 배꼽이 간지러워 일어나 보니 독사가 배 위에서 꽈리를 틀고 있습니다. 한밤중에 소변을 누러 나왔다가 올빼미의 공격을 받아 머리 가죽이 벗겨졌습니다. 뇌염모기가 뇌와 중앙 신경계를 공격합니다. 쥐의 배설물에 섞인 한타바이러스가 호흡기를 통해 들어옵니다.

이 무시무시한 일들은 사람들의 입을 통해 전해져 오는 애팔래치아 트레일 종주 경험담입니다. 친구들은 위의 이야기를 해 주며 말렸겠지요. 하지만 빌 브라이슨Bill Bryson은 종주에 나서기로 결심합니다. 그리고 그를 아는 모든 사람에게 이 사실을 떠벌립니다. 이제 무를 수도 없습니다.

　빌 브라이슨에 대한 소개가 늦었네요. '현존하는 가장 재미있는 여행 작가'로 평가받으며, 한국에서도 많은 팬을 보유하고 있습니다. 그의 책『나를 부르는 숲』은 애팔래치아 트레일 종주 경험담을 담았습니다. 고생 스토리가 펼쳐지냐고요? 네, 맞습니다. 하지만 '찐 고생'을 유머러스하게 묘사하는 그의 필력 덕분인지 실실거리며 웃게 됩니다.

　그가 경험한 애팔래치아 트레일은 미국 동부의 14개 주를 관통하며 남북을 연결하는 등산로입니다. 길이는 3,360km에 달합니다. 1,500m 높이의 봉우리가 무려 350개나 줄줄이 이어지고, 종주하는 데는 보통 반년 이상이 걸립니다. 문제는 단지 거리가 아니라 야생곰의 습격이나 예상치 못한 기후 변화 등의 위험이 도사리고 있다는 겁니다.

　그럼에도 불구하고 빌 브라이슨이 애팔래치아 트레일 종주를 결심한 계기는 두 가지입니다. 첫째는 그저 우연히 '애팔래치아 트레일'이라는 표지판을 발견한 것입니다. 집 근처에 등산로가 지나가니 가 보기로 한 것입니다. 아주 거창한 이유가 있는 건 아니었지요. 둘째는 지구의 온도가 4도 상승하면 미국의 숲은 사막화 현상으로 인해 사바나(대초원)가 된다는 것입니다. 숲의 나무가 사라지기 전에 애팔래치아 산맥의 독특한 아름다움을 눈으로 봐두고 싶었던 것입니다.

함께 갈 친구를 구하는데 아무도 같이 가려 하지 않습니다. 결국 25년 만에 만난, 먹는 걸 좋아하고 뚱뚱한, 알코올 중독에서 빠져나온 지 얼마 안 된 친구 카츠와 길을 떠나지요. 야생 동물이 득실거리는 숲에서 이 중년 남성들은 무사히 종주할 수 있을까요?

이 여행기의 결말부터 이야기하자면, 그들은 종주에 실패합니다. 3,360km 중 1,392km, 애팔래치아 트레일의 절반도 되지 않는 거리에서 멈춥니다. 종주를 포기할 무렵 브라이슨은 카츠에게 묻습니다.

"포기하는 기분이 어때?"

이 질문에 카츠는 나사 하나 빠진 것 같은 표정을 지으며 이렇게 말합니다.

"내가 아는 한, 나는 애팔래치아 트레일을 걸었어. 눈 속에서도, 뜨거운 태양 아래서도, 남부에서도, 북부에서도 나는 걸었어. 나는 애팔래치아 트레일을 걸었어, 브라이슨!"

애팔래치아 트레일에서 종주가 뭐 그리 중요할까요? 그들은 어떤 방식으로든 대자연과 함께 했고, 자신의 짐을 스스로 책임지고 묵묵히 걸었습니다. 그들은 얼렁뚱땅 덤벼들었고, 울고 웃었습니다. 그 자체만으로도 큰 의미를 부여하고 싶습니다.

무언가를 시도하는 건 애팔래치아 트레일에 나서는 것과 비슷합니다. 실제로 흑곰이 도망가는 나를 공격하거나, 뇌염모기가 내 뇌를 파먹지는 않겠지만, 그와 비슷한 어려움이 갑작스럽게 닥쳐올지도 모릅니다.

예를 들면 이런 것들이지요. 이 모든 행동에 용기가 수반되어야 합니다.

(예시) · 주말마다 일찍 일어나 친구와 도서관에 가기로 약속한다.

(추운 겨울이면 이불 속에서 나오기가 쉽지 않습니다.)

· 살이 찌고 배가 나온 것 같아 5kg을 감량하기로 한다.

(치킨과 마카롱의 유혹을 뿌리치기에는 식욕이 말을 잘 듣지 않습니다.)

· 내신 등급을 올리기 위해 교과서를 5번 반복해서 읽는다.

(한두 번 읽고 나면 대충 이해한 것 같은 착각에 빠져듭니다.)

· 학급 반장이 되어 반을 위해 봉사한다.

(산만한 녀석들 속에서 리더십을 발휘하려니 도를 닦는 것 같습니다.)

중도에 포기할 수도 있고, 원하는 결과를 얻지 못할 수도 있는 일들입니다. 그렇다고 시도 자체가 쓸데없는 일이 될 수는 없습니다. 끝까지 해내지는 못했지만 해 봤으니까요. 그런 시도는 흑곰처럼 나를 짓누르지도, 독사처럼 내 몸에 독을 퍼뜨리지도 않습니다. 충분히 시도할 가치가 있습니다.

혹시나 시도했다가 중도에 포기하더라도 자책하지 마세요. 세계에서 가장 유머러스한 여행 작가인 빌 브라이슨은 종주 실패담을 베스트셀러로 둔갑시켰습니다. 그 비결에는 이 문장이 결정적인 역할을 합니다.

"나는 애팔래치아 트레일을 걸었어."

여러분도 무언가를 하다 보면 끝까지 못 가는 경우가 있을 겁니다. 시도 자체에 칭찬을 보냅니다. 해 봤으니까요.

어려운 과제에 부딪쳤을 때 임직원들에게 "이봐, 해 보기는 했어?"라고 되묻던 기업가가 있습니다. 여러분도 잘 아는 현대그룹 창업자 정주영 회장입니다. 테슬라의 최고경영자 일론 머스크가 정주영 회장의 일대기를 다룬 온라인 게시물에 '좋아요'를 눌러 화제가 되기도 했었지요. 그의 배짱과 용기가 일론 머스크에게까지 전해졌나 봅니다.

어떻게 하면 용기가 불쑥 솟아날까요? 머뭇거리지 않고 용기를 키우는 비법이 있습니다.

첫째, 어차피 해야 하는 일이라면 피하지 말자.

강스파이크의 배구공이 날아오고, 스매싱으로 우리 진영을 향해 때려 꽂아도 맞을까 봐 두려워하지 않고 받아 냅니다. 내 앞에 주어진 일은 남이 받아 줄 수가 없지요. 해야 하는 일을 피하다 보면 사자의 먹잇감이 되지 않기 위해 쫓기듯이 초조해집니다. 피하지 맙시다. 아무리 요리조리 잘 피해도 결국 해야 할 일은 돌아옵니다.

둘째, 함께할 사람을 만들자.

빌 브라이슨은 친구 카츠가 있었기에 애팔래치아 종주를 결심할 수 있었습니다. 함께하는 누군가는 서로에게 용기를 줍니다. 도서관을 가더라도 친구와 약속이 되어 있다면 꾸물거리지 않겠지요.

셋째, 용기를 낼 때와 그렇지 않을 때를 구분하자.

무모한 도전은 곤란합니다. 앞뒤를 잘 헤아려 남에게 피해를 준다거나, 인생에 큰 상처가 될 것 같은 행동은 삼가야 합니다. 무모함을 용기라고 착각해선 안 됩니다. 결과가 뻔히 보이고, 그 과정이 나를 성장시키는 도전이 아니라면 하지 않는 것도 용기입니다.

돈을 잃는 건 가벼운 손실이다.

명예를 잃는 건 꽤 큰 손실이다.

그러나 용기를 잃는 건 모든 걸 잃는 것이다.

－괴테

용기 내어 생각하는 대로 살아라!

그러지 않으면 당신은 머잖아 사는 대로 생각하게 될 것이다.

－폴 브루제

힘들어서 중도에 포기한 경험이 있나요? 어떤 기분이 들었나요?

여러분에게도 애팔래치아 트레일처럼 힘들긴 하지만 끝까지 도전하고 싶은 일이 있나요?

두려움 앞에 당당히 맞서 싸운 적이 있나요?

도서 빌 브라이슨, 『나를 부르는 숲』, 홍은택, 까치, 2018

영상 "이봐! 해봤어?"…정주영식 불굴의 도전 정신

속에 간직하고 있는 든든한 힘

"너는 말 맺음을 잘하는 능력이 있구나."

한 학생과 5분 정도 대화한 후 제가 한 말입니다. 갑작스러운 선생님의 칭찬 공격에 당황한 듯했지만 어느새 웃음꽃이 피었습니다. 아직 본인이 무엇을 잘하는지 모르겠다고 했는데, 제가 보기에는 또박또박 핵심을 말하는 기술 이외에도 숨어 있는 능력이 많아 보이는 학생이었습니다.

여러분도 그럴 것입니다. 성적으로만 자신을 평가하는 경우가 많은데, 가능성은 성적에만 있는 것이 아닙니다. 가능성을 찾는 것은 자신을 믿는 것에서부터 시작합니다.

'나'라는 원자재를 효율적으로 이용해서 성공한 인물이 바로 콘래드 힐튼입니다. 세계적인 호텔의 창업자이지요. 힐튼은 세계 곳곳을 점령한 호텔 체인입니다. 2025년 기준, 힐튼 월드와이드는 전 세계 126개국에 8,400개가 넘는 호텔 지점을 운영하고 있었습니다. 동종 업계 중에서도 규모가 큰 기업이지요.

콘래드 힐튼은 장성할 때까지 글을 제대로 읽지 못했다고 합니다. 원래는 은행 경비원이 되려고 했는데 글을 읽지 못해 퇴짜를 맞고 호텔 벨보이가 되었습니다. 훗날 회고하기를 자신이 글을 몰라서 힐튼 호텔을 만들게 되었다고 능청을 떨었다고 하지요.

당연히 글을 읽고 쓰지 못해서 성공한 건 아닙니다. 그의 성공 비결은 따로 있습니다.

"벨보이 시절 나보다 일을 잘하는 사람, 경영 능력이 뛰어난 사람도 많았습니다. 하지만 자신이 호텔을 경영하리라 믿은 사람은 나 혼자뿐이었습니다."

그는 자신의 가치는 아직 정해지지 않았으며 본인에게 무한한 가능성이 있음을 믿었습니다. 어느 날 기자가 그에게 성공 비결을 묻자, 옆에 있던 쇠막대기를 집어들었습니다.

"이것을 불에 달군 후 두들겨 말굽으로 만들면 10달러 50센트의 가치가 됩니다. 이것으로 못을 만들면 3,250달러의 가치가, 시계에 들어가는 용수철을 만들면 250만 달러의 가치가 됩니다. 나라고 하는 원자재를 어떻게 이용하느냐가 성공의 관건입니다."

원자재는 공업 생산의 원료가 되는 자재입니다. 원유, 금, 은, 곡물, 육류 등이 모두 원자재에 해당하지요. 가공하지 않으면 쓸모가 없는 재료이기도 합니다. 나라는 원자재가 잠재력을 발휘하기 위해서는 제대로 된 가공의 과정이 필요합니다. 최고의 가치를 낼 수 있을 때까지는 감내하는 과정도 필요합니다. 정교하게 다듬는 과정이 있어야만 빛나는 보석이 될 수 있습니다.

저력의 사전적 의미는 '속에 간직하고 있는 든든한 힘'이고, 잠재력도 '겉으로 드러나지 않고 속에 숨어 있는 힘'이지요.
저는 한 영화를 보고 잠재력의 정의를 내리게 되었습니다. 바로 영화 〈올빼미〉인데요. 이 작품 속 주요 인물은 인조와 맹인 침술사인 천경수입니다. 인조는 오로지 왕의 자리에만 집착하는데, 이는 마치 한 나라의 임금이라기보다는 광인에 가깝습니다. 특히 풍에 걸려 침을 질질 흘리는 장면은 광견병에 걸린 개가 침을 흘리는 모습을 연상케 합니다.

뛰어난 침술 실력을 지닌 천경수는 앞을 볼 수 없습니다. 특이한 점은 낮에는 보이지 않지만 밤에는 흐릿하게 볼 수 있는 주맹증을 보였다는 겁니다. 영화의 제목이 〈올빼미〉인 이유입니다. 올빼미는 야행성 동물로 야간 시력이 매우 좋으니까요. 물론 천경수가 올빼미처럼 밤에 또렷하게 볼 수 있는 건 아닙니다. 그는 시력은 나빴지만 다른 감각은 뛰어나서인지 침술에서만큼은 실력자입니다.

천경수는 핸디캡을 극복하고 자신의 분야에서 인정을 받아 궁에 입궐하게 됩니다. 그 무렵 청에 인질로 끌려갔던 소현세자가 귀국하지요. 아버지 인조는 아들의 귀국이 반갑지만은 않았고, 정체 모를 불안감에 휩싸입니다. 그러던 와중에 소현세자는 의문의 죽음을 당합니다. 살해 현장을 목격한 사람은 맹인이었던 천경수였습니다. 참 아이러니한 상황이지요.

아이러니 Irony는 예상 밖의 결과가 나타나거나 모순적인 상황을 나타낼 때 쓰는 용어입니다. 문학, 예술 등 다양한 분야에서 사용되며, 이를 잘 활용하면 작품의 깊이와 재미를 더할 수 있습니다. 대표적인 작품이 현진건의 『운수 좋은 날』이지요. 주인공 김첨지는 그날 따라 운수 좋게 큰돈을 벌지만, 아내가 병으로 죽는 비극적인 결말을 맞이합니다.

영화 〈올빼미〉에서 살해 현장의 유일한 목격자가 맹인이었다는 건, 달리 말하면 앞을 볼 수 있는 다른 사람들은 중요한 사건 현장을 놓쳤다는 뜻입니다. 그 순간, 제 머리를 스치며 지나간 생각이 있었습니다.

'한 가지 약점이 열 개의 장점을 덮어 버리고 우리의 눈을 멀게 하지는 않을까?'

'눈에 보이는 약점에만 집착해서 숨어 있는 장점을 해치고 있는 건 아닐까?'

"에이, 선생님, 또 장점과 약점 타령이에요?" 분명 투덜대는 학생이 있을 듯합니다. 그렇지만 저 역시 수년간 약점에 눈이 멀어 장점을 발견하지 못했습니다. 저의 약점은 말이 없다는 것, 생각을 밖으로 표출하지 않는다는 것이었습니다. 교직원 회의에서도 말을 많이 하지 않습니다. 의견을 표출할 때는 말보다는 글로 전달하는 편이었습니다. 자신을 드러내야 생존하는 세상에서 치명적인 약점이지요. 아이러니하게도 이것이 장점이 되리라곤 꿈에도 생각하지 못했습니다. 어떻게 장점이 될 수 있었을까요?

1단계 다른 사람들과 떠드는 대신 제 자신과 대화를 합니다. 내면 소통을 하는 겁니다. 그러면서 생각을 정리할 수 있습니다. 정돈된 생각을 글로 적습니다.

2단계 생각을 글로 적다 보니 책 한 권의 분량이 나왔습니다. 책을 출간합니다. 베스트셀러가 되었습니다.

3단계 책을 출간하니 강의 요청이 들어왔습니다. 국어 선생님들 앞에서 책 쓰는 법을 주제로 강의를 했습니다. 말을 잘하지 못하는 것이 약점이라는 생각에 1시간짜리 강의를 30번 이상 연습했습니다. 연습 덕에 많은 사람들 앞에서 강의를 하면서도 떨리지 않았습니다. 강의는 대성공이었고, 하나의 예술 작품을 보는 것처럼 감동적이었다는 후기를 들을 수 있었습니다.

시력이 좋다고 해서 세상 만물을 선명하게 볼 수 있는 건 아닙니다. 또한 자신을 제대로 바라볼 수 있는 것도 아닙니다. '주맹증'을 가진 천경수는 정상적으로는 침술을 공부할 수 없어 올빼미처럼 남들이 자는 시간에 공부해야 했습니다. 볼 수 없다는 건 약점이었지만, 볼 수 없기에 몸의 모든 기능을 손가락에 응집시켜 뛰어난 침술 실력을 가질 수 있었습니다. 감히 말해 봅니다. 타고난 운명을 받아들여 약점을 강점으로 바꾸었다고 말이지요.

어둠 속에서도 날개를 펴는 올빼미처럼, 앞은 못 보지만 뛰어난 침술을 지닌 천경수처럼, 시각장애인으로 뉴욕 월가에서 방법을 찾은 신순규 애널리스트처럼, 가난한 흑인 맹인이었지만 팝 음악의 전설이 된 스티비 원더처럼, 약점으로 가득 찬 어두컴컴한 세상에서도 동공을 확장시켜 여러분의 저력을 찾으시길 바랍니다. '나'는 내가 아는 '나'보다 훨씬 강하고, 능력 있는 사람일 수 있습니다. '나'를 한번 믿어 보세요.

- 수면 아래의 빙하
- 응달진 곳에 있는 해시계
- 벤치에 앉아 있는 2군 선수

아직 잠재력을 발휘하지 못한 것들입니다. 흔히 내 안에 잠자고 있는 거인을 깨우라고 하지요. 여러분의 내면에는 거대한 잠재력이라는 거인이 잠자고 있을 수 있습니다. 밖으로 거인을 꺼내 세상에 보여야 합니다.

원래 원자는 쪼개지지 않는 물질로 알려져 있었습니다. 그런데 중성자가 우라늄 원자를 때리면 원자가 쪼개지면서, 새로운 중성자 3개가 튀어나옵니다. 이 중성자들이 또 다른 우라늄 원자를 때리면 연쇄적으로 쪼개지며 엄청난 에너지가 발생합니다. 이 과정을 핵분열 반응이라고 합니다. 우리의 잠재력도 언젠가는 핵융합 반응이 일어나겠지요. 잠재력이 폭발하기 위한 나의 핵에너지는 무엇일까요?

여러분의 눈을 가리고 있는 약점은 무엇인가요? 그리고 그 약점이 정말 극복할 수 없는 약점인가요?

도서　최영숙, 『잘하는 것도, 하고 싶은 일도 없다는 너에게』, 미디어숲, 2023

영상　분명히 봤는데… 맹인이라 안 믿어 줄 거잖아… ㅣ 올빼미

있는지 없는지
써 보기 전엔 모른다

"저는 사회에 쓸모가 없어요."

수시를 지원한 대학 세 군데에서 광탈한 학생이 저에게 한 말입니다. 아직 몇 군데가 더 남았지만 거의 가능성이 없다고 여기는 듯했습니다. 그 마음을 충분히 이해합니다.

4년제 대학 정도는 갈 수 있다고 믿었는데, 그것도 여의치 않자 쓸모없는 인간이라는 수식어를 본인 스스로 붙이고 있었습니다.

저에게는 '쓸모 있음'에 대해 다시 생각하게 된 계기가 되었습니다. 일반적으로 사람들은 쓸모 있는 것만 찾습니다. 학생들도 필요한 과목만 공부하고, 쓸모없는 수업은 버립니다. 수업 시간 외에는 그래도 상관없지만, 수업 중에도 다른 과목 공부를 하고, 선생님의 강의를 대놓고 무시하는 학생도 있습니다. 너무 힘들게 공부하는 것 같아 안타까운 생각마저 듭니다. 공부하다가, 선생님 눈치를 보다가 결국에는 잠이 들곤하지요. 차라리 다양한 지식을 섭렵한다는 취지에서 수업을 듣는 것이 더 나을 텐데요.

만약 특정 과목이 대학 입시에 별 도움이 안 된다면 그 시간에 다른 과목을 공부할 수는 있지만, 그렇다고 해서 집중적으로 공부할 수 있는 것도 아닙니다. 모든 것들을 융합하는 세상에서 쓸모없던 과목이 쓸모 있는 존재가 될지는 아무도 모르는 일이니까요. 이제는 쓸모없던 것이 가치를 만드는 세상이 되었습니다.

고등학생 조카가 친구 생일에 초대를 받았습니다. 주최자의 요구 사항은 '쓸모없는 물건'을 생일 선물로 가져오라는 것이었습니다. 그래서 전혀 실용적이지 않은 다양한 물건이 등장했다고 합니다. 친구의 마음 자체에 의미를 두는 것이지 가격이나 실용성은 따지지 않는 것이지요. 추억이 가득한 고등학교의 마지막 생일 파티를 보낸 것 같습니다. 쓸모없는 물건도 이렇게 큰 역할을 합니다.

'산티아고'라고 불리는 한 노인이 있었습니다. 어니스트 헤밍웨이가 1952년에 낸 소설의 주인공입니다. 헤밍웨이는 이 소설을 내기 전에 87차례 원고를 뜯어고쳤다고 합니다. 이 작품으로 퓰리처상, 노벨 문학상을 수상합니다.

줄거리는 이렇습니다. 산티아고는 고기를 잡기 위해 84일 동안 매일 바다로 나갑니다. 바다에서 허탕만 치는 노인은 마을 사람들의 조롱의 대상입니다. 다행히 85일째 되는 날, 큰 고기를 잡는데요. 덩치가 어마어마한 청새치였습니다. 청새치는 사람보다 큽니다. 크기가 약 3m 정도 된다고 하네요. 그렇게 어렵게 잡은 청새치는 결국 상어의 밥이 됩니다. 노인은 빈손으로 귀가했고, 언제나 노인 곁에서 걱정해 주던 마놀린이라는 소년이 신문과 커피를 가져다주며 소설은 끝이 납니다.

이 간단한 소설은 왜 많은 사람들의 인생 책이 되고, 마음을 울릴까요? 성공의 기준이 결과물만은 아님을 알려 주기 때문입니다.

'실패를 거듭하지만 인간으로서의 존엄을 잃지 않는 것'

작살로 청새치를 잡은 순간이나 상어 떼에게 청새치를 빼앗긴 순간 모두 노인에게는 의미 있는 순간이었습니다. 내 손에 남겨진 것은 없었지만 그 과정에서 성장과 도전을 배울 수 있습니다.

"그거 하면 뭐가 좋은데요?"

"책 읽는다고 다 성공하는 건 아니잖아요."

"쓸모없는 활동은 하기 싫어요."

수업 시간에 이런 식으로 딴지를 거는 학생들도 있습니다. 대놓고 그런 건 아니지만 말투, 표정, 눈빛으로 알 수 있습니다. 그럼 저는 거창한 이유를 들어서 그 아이들을 설득하지요. 왜 이 활동이 중요하고 어디에 쓸모가 있는지 설명합니다.

그런데 쓸모 있는 활동과 쓸모없는 활동을 어떻게 나눌 수 있을까요? 무 자르듯이 싹둑 자를 수 있나요?

똑같은 활동을 통해서도 누군가는 배워서 의미 있는 경험으로 승화시키고, 누군가는 쓸모없는 활동으로 간주해 시간만 낭비합니다. 실패의 과정에서 배우는 점을 간과했기 때문이지요. 실패의 과정도 성공의 결과물만큼 소중한 경험입니다.

청새치를 잡았으나 빈손으로 돌아온 노인은 패배자일까요? 청새치를 잡았고, 상어 떼와 사투를 벌인 노인은 어부로서 최고의 경지를 경험한 것입니다.

『노를 든 신부』는 그림책입니다. 책의 표지에는 웨딩드레스를 입은 소녀가 노 하나를 들고 있습니다. 배경은 바닷가가 아니라 숲속입니다. 원래 노의 용도는 물살을 가르면서 배를 앞으로 나아가게 하는 것이지요. 숲속에서 노는 어떤 용도로 쓰일 수 있을까요? 내 한 몸 가누기도 힘든 산에서 노의 쓰임새는 무엇일까요?

자신이 쓸모없는 인간이라는 느낌이 드는 순간 의욕은 사라집니다. 숲속을 걸어가는 신부에게 노는 쓸모없는 물건이었지만, 그 쓸모를 발견하는 순간 몰랐던 노의 재능을 알게 되었지요.

'국어 70점, 수학 50점, 영어 100점이니까, 난 난 영어에 재능이 있어.'

재능은 이처럼 단순하게 정의할 수 있는 것이 아닙니다. 과목의 점수에 집착해서 재능을 찾을 필요는 없습니다.

　다른 사람들보다 독보적이고 대단한 재주를 가지고 있어야만 재능이라고 부를 수 있는 건 아니니까요. 내 안에 있는 능력 중에 조금이라도 자신 있게 할 수 있는 것이라면 충분히 재능이라고 부를 수 있습니다.

(예시) • 아침에 일찍 일어날 수 있는 능력

　　　• 수업 중에 잠들지 않는 능력

　　　• 한 번 대화해 본 사람의 얼굴은 꼭 기억하는 능력

　　　• 학교 선생님의 성함을 모두 외우는 능력

　　　• 주변 정리 정돈을 잘하는 능력

　　　• 이야기를 잘해서 친구들에게 즐거움을 주는 능력

　내일이면 또 다른 지식이 밀려오지만, 현재의 지식이 쓸모가 없진 않습니다. 모르는 게 약이 되진 않아요. 지식이 변할 수는 있지만, 모르는 것보다는 아는 것이 힘이 됩니다. 오늘의 지식과 내일의 지식을 결합하면 새로운 지식이 탄생할 것이고, 내일 쓸모없는 지식이 되더라도 알아가는 과정을 무시하지 않길 바랍니다. 머릿속에 지식을 욱여넣다 보면 그들 사이에서 스파크가 튀어 창의의 불꽃을 활활 피울 것입니다.

쓸모없는 지식도 내일의 지식과 결합하고,

쓸모없는 물건도 의미를 부여하면 추억을 남기고,

쓸모없는 사람도 적절한 장소에 착륙하면 그 가치를 발휘하게 됩니다.

상처투성이라 상품 가치가 없던 사과에 쓸모를 입힌 사례가 있습니다. 새로운 가치를 부여하는 것이지요. 아오모리현은 일본의 가장 북쪽에 위치하고 있습니다. 일교차가 큰 기후 덕에 사과 맛이 좋다고 하지요. 1991년 가을, 일본 아오모리현의 사과 농장에 태풍이 몰아쳤습니다. 수확을 앞두고 대롱대롱 달려 있던 사과들은 태풍의 위력 앞에서 힘없이 땅으로 떨어졌습니다. 90%의 사과가 상품성을 잃어버렸고 오직 10%만 나무에 매달려 그 생명을 유지하고 있었지요. 농부들은 실의에 빠졌습니다. 그때 한 농부가 기막힌 아이디어를 제안했습니다.

"괜찮습니다. 우리에게는 아직 10%의 사과가 남아 있습니다. 태풍에서 살아남은 사과들을 '합격 사과'라고 이름을 붙여 팔면 어떨까요?"

일본에서도 입시철이 되면 수험생들에게 합격을 기원하는 선물을 합니다. 그런 면에서 태풍이라는 시련을 이겨 낸 사과는 수험생들에게 의미 있는 선물이 될 거라 예상한 겁니다. 상처가 많은 사과는 상품성과 맛이 떨어졌지만 '절대 떨어지지 않는 사과'라는 이미지를 가지고 불티나게 팔렸습니다. 열 배나 높은 가격임에도 불구하고 성황리에 팔렸고 농부들은 높은 수익을 낼 수 있었습니다.

이 이야기에서 여러분은 어떤 생각이 들었나요? 저는 2가지 측면을 강조하고 싶습니다.

첫째, 위기 상황에 대처하는 자세입니다. 같은 상황이라도 어느 쪽을 보느냐에 따라 대처법은 달라집니다. 위기가 될 수도, 기회가 될 수도 있다는 것이지요.

"저희에게는 아직 10%의 사과가 남아 있습니다." - 일본 농부

"저희에게는 아직 열두 척의 배가 남아 있습니다." - 이순신 장군

나에게는 아직 건강한 체력이 남아 있습니다.

나에게는 아직 한 명의 친구가 남아 있습니다.

나에게는 아직 새로운 것에 도전할 용기가 남아 있습니다.

뭐든 남아 있다면, 할 수 있습니다.

둘째, 자신만의 고유한 이야기입니다. 누구나 같은 값이면 맛있고 예쁜 사과를 먹고 싶어 할 것입니다. 그럼 맛없고 못생긴 사과는 모두 버려져야 할까요? 그렇게만 생각하면, 세상이 너무 슬프게 느껴집니다. 일반적인 관점에서 쓸모없다고 여겨졌던 것에 쓸모를 더해 주는 것이 바로 '이야기'입니다. 이야기는 개인에게 개성과 고유함을 더해 줍니다. 만약 성적이 우수한 학생만 대학에 갈 수 있다면 굳이 학생부 종합 전형을 이용해 학교생활 기록부의 이야기를 볼 필요가 없어집니다. 생기부에 표시된 내신 등급 숫자만 중요해 지겠지요.

하지만 세상은 그렇게 단순명료하지 않습니다. 프로젝트, 진로체험, 동아리 등 학교 활동에 열심히 참여하면서 독서로 스토리를 만들어 나가는 것도 자신만의 고유함을 만들어 가는 과정입니다. 물론 내신 등급이 월등하게 뛰어나다면 그것도 하나의 스토리가 될 수 있겠지요. 그 정도로 열심히 공부했다면 그 과정도 하나의 무기가 될 수 있을테니까요.

생기부 속 나만의 이야기는 학교생활에서 이루어지므로 어느 정도 한계가 있습니다. 하지만 고등학교의 틀을 벗어나 대학 또는 사회생활을 하면 그 경계는 사라집니다. 개인은 무한 경쟁에 돌입하고, 자신의 이야기를 써 내려가기 위해 끊임없이 서사를 만들어 냅니다. 그 속에서도 가장 큰 무기는 '나'입니다.

『시대예보: 호명사회』에서 송길영 박사는 "정보의 과잉으로 한 걸음도 떼지 못할 때, 먼 미래를 보는 것이 아니라 먼저 '나'를 보아야 합니다."라고 했습니다.

여러분의 서사를 만들어 갈 세상은 '나'의 이야기를 보여 주는 하나의 무대입니다. 이제 자기 인생의 작가가 되어 멋진 작품을 보여 주시기 바랍니다.

팀 활동에서 내 존재가 민폐가 된다고 생각하여 자존감이 낮아진 경험이 있나요? 팀에서 내가 어떤 역할을 맡으면 좋을지 생각해 보세요.

쓸모없는 지식, 쓸모없는 물건이 우연한 상황에서 쓸모 있는 것으로 전환된 사례를 조사해 보세요.

여러분에게 가장 쓸모 있는 학문과 그 이유를 말해 보세요.

도서　남기숙, 『그림책, 사춘기 마음을 부탁해』, 상도북스, 2024

영상　잡학이 일상에 도움이 될까? 알쓸즈가 말하는
　　　　'선을 넘는 것에 대한 가치' #알쓸인잡 EP.5 | tvN

생각의
물구나무서기

창의성을 짧고 굵게 정의하면 '새로운 아이디어를 내는 능력'입니다. 마치 '무에서 유를 생산하는 것'처럼 들리지요. 하지만 무에서 유를 창조하는 것은 거의 불가능합니다. 그러니 창의성은 '유에서 유를 끌어내는 것'으로 정의하는 것이 더 자연스럽습니다. 그래야만 누구나 창의성을 발휘할 수 있기 때문이지요. 정도의 차이만 있을 뿐이지 우리는 모두 창의성을 가지고 있습니다.

르네 마그리트는 초현실주의적인 작품을 남긴 벨기에의 화가입니다. 그의 작품은 팝아트와 그래픽 디자인에 큰 영향을 주었고, 대중 매체의 많은 영역에서 영감의 원천이 되었지요. 그의 작품 〈겨울비〉는 영화 〈매트릭스〉에, 〈피레네의 성〉, 〈올마이어의 성〉은 영화 〈하울의 움직이는 성〉에 모티브를 제공했습니다.

전설적인 록 밴드 비틀스는 여러 레코드사와 계약을 맺고 있다가 독자적인 음반 회사 애플 레코드를 설립합니다. 비틀스의 멤버 폴 매카트니는 마그리트의 열성팬이었고, 음반 회사의 로고로 녹색 사과를 채택하게 되었죠. 한편, 평소 비틀스의 음악을 즐기던 스티브 잡스는 비틀스 레코드 표지에서 녹색 사과 로고를 발견했죠. 그리고는 붉은 사과를 로고로 만듭니다. 하지만 비틀스로부터 소송을 당하고 궁여지책으로 생각해 낸 방법이 한입 씹어먹은 사과였습니다.

단순한 사과가 역사적 소송의 시발점이 되었는데요. 그 시작은 르네 마그리트의 작품 〈사람의 아들〉이었습니다. 흰 와이셔츠와 빨간 넥타이, 검은 코트, 중절모를 쓴 남자자 차렷 자세로 서 있습니다. 배경은 구름 낀 하늘과 바다입니다. 그런데 이 남자가 어떻게 생겼는지, 나이는 얼마나 됐는지 알 수가 없습니다. 녹색 사과가 중력의 법칙을 무시하고 허공에 떠 있는 상태로 남자의 얼굴을 가렸기 때문입니다.

그저 평범해 보였던 이 작품의 화룡점정은 바로 녹색 사과였습니다. 흔한 남자의 얼굴을 녹색 사과로 가렸을 뿐인데 놀라운 효과가 나타났습니다. 관심도 없던 남자의 얼굴이 궁금해집니다. 교묘하게 상상력을 발동시키면서 '왜?'라고 묻게 됩니다.

'왜 얼굴을 가렸을까? 왜 하필이면 녹색 사과일까? 왜 남자는 차렷 자세로 서 있을까?' 외견상 전혀 관련 없는 요소를 결합하여 감정적 충격을 선사하였고, 세계적 명성을 얻었습니다. 이를 '낯설게 하기 기법'이라고 하는데, 일상에서 흔히 대하는 사물의 본래 기능을 제거하고 말 그대로 낯설게 만들어서 신선한 충격을 주는 기법입니다. 이는 고정 관념에서 벗어나 다른 시각으로 세상을 바라보고 창의적 생각을 하도록 유도합니다. 마그리트는 그야말로 낯설게 하기 기법의 대가였지요. 그는 작품 〈사람의 아들〉을 이렇게 설명했습니다.

우리가 보는 모든 것이 또 다른 것을 숨기고 있다. 우리는 항상 자신이 보는 것에 의해 숨겨진 것을 보고 싶은 욕구가 있지만 그것은 불가능하다. 나는 우리에게 나타나지 않는 숨겨진 것에 관심이 있다. 눈에 보이는 것과 숨겨진 것들 사이에는 매우 강렬한 느낌, 일종의 충돌이 발생한다.

우리가 입력하는 지식은 하나의 블록입니다. 어렸을 때 가지고 놀았던 레고 블록을 상상해 보세요. 서로 연결되지 않은 레고 블록은 장난감으로서의 가치를 제대로 발휘하지 못합니다. 서로 결합하고 이어야만 비로소 결과물을 알 수 있습니다. 수많은 블록을 조합해야만 원하는 캐릭터로 거듭날 수 있습니다.

창의력이란 레고 블록을 결합하는 것과 같습니다. 관련 없어 보이는 아이디어들을 연결하는 능력입니다. 새로운 아이디어를 내는 것이 아니라 아이디어를 재조립하는 것에 가깝습니다.

티아고 포르테는 『세컨드 브레인』에서는 창의성을 이렇게 정의하였습니다.

가장 실용적 형태로서 창의력이란 여러 아이디어, 특히 서로 관련 없어 보이는 아이디어들을 연결하는 능력이다.

또한 신경과학자 낸시 안드레아센은 창의력이 풍부한 사람들을 연구한 결과 아래와 같은 결론을 도출합니다.

창의적인 사람들은 관계를 인지하고 연관성을 찾아 연결하는 일에 더욱 능숙하다.

관련없는 것들을 연결하는 것이 말로는 쉽지만, 이것만큼 어려운 것도 없습니다. 밤을 새우며 두뇌를 혹사해도 새로운 아이디어가 떠오르진 않거든요. 하지만 창의적인 생각을 하려는 의지는 가지고 있어야 합니다.

영국의 한 신문사가 거액의 상금을 걸고 흥미로운 문제를 냈습니다.

"런던에서 맨체스터까지 가장 빨리 가는 방법은 무엇일까?"

사람들은 저마다의 답을 보냈습니다. 기차의 속도를 계산하는 이도 있었고, 자동차로 달리는 시간을 비교하는 이도 있었습니다. 심지어 수학 공식과 물리학 지식을 총동원해 정답을 찾으려는 사람들도 있었지요.

하지만 신문사가 선정한 최종 답은 의외였습니다.

"좋은 친구와 함께 가는 것."

거액의 상금을 받을 만큼 좋은 답변이지요. 좋은 친구와 함께하는 여행은 물리적인 거리가 멀다 하더라도 즐겁기만 합니다. 정확한 거리와 시간을 계산하는 문제가 아니었기에 누구든 공감할 수 있는 해답이었어요. 인생의 정답은 정확한 계산을 요구하지 않고, 그렇게 할 수도 없습니다.

창의성을 살리는 습관이 따로 있을까요? 저는 이런 방법을 추천합니다.

첫째, 사소한 일상을 매일 축제처럼 살아가는 것입니다.

매일 이벤트를 열자는 게 아닙니다. 그런 마음가짐으로 일상을 바라보자는 것입니다.

『파리는 날마다 축제』는 건조체의 대가로 알려진 헤밍웨이의 책으로, 가난했던 헤밍웨이 부부가 파리에서 보내는 일상이 담긴 에세이입니다. 도서관 서가를 거닐다가 분량이 많은 소설책은 부담스럽고, 요즘 에세이의 내용이 비슷해서 식상하려던 찰나, 제목이 제 눈을 사로잡았습니다. 제목에 이끌려 책을 집어 들었는데, 우연히도 작가가 헤밍웨이라니. 읽지 않을 이유가 없습니다.

'날마다 축제'라는 말이 묘하게 공감되었습니다. 우리는 평범한 일상에서 의외성을 발견하는 순간이 옵니다. 그러나 관심이 없으면 기회는 놓쳐버립니다. 1년에 한 번 있는 체육 대회에서도 관련 없는 지식들을 연결할 수 있습니다. 2024년 체육 대회는 '과알못'

인 저에게 새로운 지식을 얹어 주었습니다. 학생들의 줄다리기 모습을 관찰하다 보니 과학적인 원리가 숨어 있다는 걸 알게 되었는데요. 전략을 짤 때 과학적 원리를 이용하면 적은 힘으로도 이길 수 있다는 겁니다. 줄을 사이에 두고 양쪽으로 서는 방식과 한쪽으로 서는 방식이 있는데, 어느 것이 더 유리한지 궁금했습니다. 유튜브를 찾아보니 한쪽으로 서는 방식이 유리하다고 합니다.

체육 대회 줄다리기와 과학적 현상을 연결하듯이, 학교생활에서 많은 것이 여러분의 진로, 생기부, 수행 평가 등의 아이디어에 영향을 끼칠 것입니다. 그러니 사소한 것들을 무시하지 말고, 매일을 축제처럼 살아 보시길 바랍니다.

둘째, 많으면 많을수록 좋습니다.

창의성은 신의 선물 같지만, 실은 '숫자 싸움'이기도 합니다. 아이디어 10개보다는 100개에서 더 나은 생각이 나올 가능성이 큽니다. 머뭇거리며 고민만 하다 보면, 결국 아무것도 만들어 내지 못합니다. 작가들은 하루에 수십 개의 문장을 써 보고, 그중 딱 한 문장만 남기기도 합니다. 디자이너들은 스케치를 수백 번 반복합니다. 우리가 '창의적'이라고 부르는 모든 것의 이면에는, 드러나지 않는 방대한 '양'이 쌓여 있습니다. 창의성은 번뜩임이 아니라, 반복에서 나옵니다. 많이 해 보는 사람이 '기발한 사람'이 되는 법입니다.

　피카소의 그림은 한 화면에 두 가지의 시점이 존재하는 입체적인 모습을 보여 줍니다. 색깔이나 모양을 왜곡하자, 보는 사람들은 불편함을 느꼈습니다. 원근법도 무시했습니다. 익숙하지 않은 것에 대한 거북함은 당연한 것입니다. 피카소는 기존과는 다른 관점으로 사물을 바라보았습니다. 전통을 따르지 않았습니다. 그것이 그의 창의성의 원천임을 누구나 인정할 것입니다.

　그런데 한 가지가 더 있습니다. 그가 남긴 작품 수는 대략 50,000점에 달한다고 합니다. 천재니까 가능하다고 여길 것입니다. 대충 붓을 놀려도 명작이 나온다고 오해할 것입니다. 과연 그랬을까요? 그가 죽은 후 발견된 스케치에서 천재에 대한 오해가 풀렸습니다. 그가 그린 스케치가 발견되었는데, 수백 장이 넘는 비슷비슷한 그림들은 치열한 연습의 증거물이었습니다. 끊임없는 연습과 훈련 덕분에 창의성을 발휘할 수 있었습니다.

　이런 에피소드도 있습니다. 한 번쯤 생각해 볼 대목입니다. 피카소는 파리의 어느 카페에서 차를 마시고 있었습니다. 한 귀부인이 그에게 다가와 그림을 그려 달라고 했습니다. 즉석에서 자신을 그려 준다면 충분한 사례를 하겠다는 말도 잊지 않았습니다. 피카소는 연필로 그녀의 초상화를 몇 분 만에 완성합니다. 그는 과연 얼마를 요구했을까요? 놀라지 마세요. 50만 프랑(약 2,000만 원)을 요구했습니다. 귀부인은 항의했습니다.

"아니, 이봐요. 그림 그리는 데 불과 3분밖에 안 걸렸어요. 그런데 50만 프랑이라니요? 너무한 거 아닙니까? 분당 인건비가 얼마인가요?"

귀부인의 항의에 피카소는 이렇게 한마디를 던졌습니다.

"부인, 잘못 아셨습니다. 이 그림을 그리는 데는 3분이 아니라 39년이 걸렸습니다."

아마도 부인은 피카소의 가치를 너무 낮게 책정한 것 같습니다. 그가 피카소가 되기까지, 입체파의 거장이 되기까지 얼마나 많은 노력이 있었는지 간과한 것이지요.

셋째, 거꾸로 바라봅시다.

1968년 멕시코 올림픽에서 높이뛰기의 역사가 바뀝니다. 미국의 높이뛰기 선수 딕 포스베리는 배를 하늘로 향하게 하는 자세를 선보였습니다. 아무도 예상치 못한 이상한 자세였습니다. 기존 선수들은 몸을 정면을 향하게 하고 다리를 벌려 가위뛰기 방식을 사용했으니까요. 딕 포스베리는 우승했고, 이 기술은 한동안 쓰이지 않다가 10년이 지나서야 우수성을 인정받았습니다. 아예 자세를 거꾸로 함으로써 역발상에 성공한 사례입니다.

그럼 딕 포스베리는 어떻게 이런 혁명적인 자세를 취할 수 있었을까요? 그는 이런 의문을 가졌습니다.

'왜 꼭 땅을 보고 넘어야 하지? 다른 방법은 없을까?'

그러던 와중에 체조와 다이빙 선수가 뒤로 재주를 넘는 동작으로부터 영감을 받았다고 합니다. 역발상이든 뭐든 하늘 아래 새로운 것은 없습니다. 깊은 고민과 생각을 거친 후 새로운 도전을 하느냐 마느냐에 달린 것입니다. 올림픽 경기가 시작되었을 때만 해도 그는 메달권과는 거리가 멀었습니다. 하지만 배면뛰기로 바의 높이가 2.27m가 되었을 때 3차 시기에서 성공하여 올림픽 신기록과 동시에 금메달이 확정되었습니다. 배면뛰기는 이후 그의 이름을 따서 포스베리 플롭Fosbury flop으로 불린다고 합니다. 그의 혁명적인 발견에 대한 당연한 대우입니다. 당시 세계적인 선수에 비해 순발력과 스피드가 뛰어나지는 않았지만, 강한 다리 힘을 살리는 자신만의 자세를 개발하여 새로운 기술을 만든 것입니다.

무언가 안 되는 일이 있으면 자세부터 거꾸로, 방향도 거꾸로, 순서로 거꾸로 해봐야겠습니다.

세상에 없는 새로운 물건이나 서비스 중, 여러분이 가장 만들고 싶은 것은 무엇인가요? 그리고 그것이 사람들의 삶을 어떻게 바꿀까요?

지금 여러분의 책상 위에 있는 물건 중 아무거나 하나를 골라 보세요. 그 물건을 원래 용도와 완전히 다르게 사용한다면 어떻게 활용할 수 있을까요? 3가지 이상 말해 보세요.

도서　김용섭 외 8인, 『청소년을 위한 미래 교과서』, 김영사, 2022

영상　높이뛰기 패러다임을 바꾼 전설…'배면뛰기 창시자' 포스베리, 바 넘어 하늘로 | 스포츠머그

함께 근무하던 과학 선생님이 어느 작가의 북토크를 주관하셨습니다. 저는 회원은 아니었지만 초대를 받아 그 자리에서 여러 이야기를 나눌 수 있었지요. 이후 선생님께서 전화를 주셨고, 그녀의 한마디가 제 안에 성장의 불씨를 지펴 주었습니다.

"선생님, 그때랑 분위기가 많이 달라졌어요."

헤어스타일이나 메이크업의 분위기를 말하는 건 아니었습니다. 아마 그동안 읽어 온 수많은 책, 글을 정리한 독서 노트, 노트북을 들고 방문한 주말 카페, 이런 루틴들이 쌓이고 쌓여 한 사람의 분위기를 바꾼 건 아닌가 조심스럽게 진단해 봅니다.

저는 성장하고 있습니다. 혼자서는 절대 할 수 없는 일입니다. 주변 사람들의 말과 행동에서 힘을 얻기도 하고, 반대로 받은 상처가 아물면서 커 나갑니다. 직업의 특성상 가장 뜨겁게 저를 자극하는 주변 사람은 학생들이고, 변화시키는 도구는 책입니다. 학생들과 책을 읽으며 문득 든 생각이 있습니다.

첫째, 과연 성인들은 학생만큼 책을 읽는가?

둘째, 학생은 청소년 책만 읽는가?

셋째, 학생의 삶과 성인의 삶은 다른가?

진로 시간에 읽고 싶은 책을 각자 한 권씩 장바구니에 담게 했습니다. 책 욕심이 유독 많은 학생은 17권이나 담았더라고요. 물론 그중에서 한 권만 선택할 수 있습니다.

장바구니에 담은 책들을 쭉 훑어보면서 흥미로운 점을 발견했습니다. 소위 말하는 청소년 대상 책은 거의 없었습니다. 어른의 책과 청소년의 책 사이의 경계가 모호하다는 반증이겠지요. 또한 어른의 삶과 청소년의 삶을 이분법적으로 구분하기도 힘들다는 뜻입니다. 즉, 변화하고 성장하기 위한 욕구는 크게 다르지 않다는 것입니다.

다들 어디선가 배우고 있을 겁니다. 저는 학생에게서도 많은 걸 배웁니다.

수업 태도에 대해 학생과 논쟁을 벌였다가 끝내 앙금이 가시지 않은 저는 다음 날 복도에서 반갑게 인사하는 그 학생에게 마음 다스리는 법을 배웠습니다.

몇 마디로 자신을 소개하는 활동이 못마땅해 눈물을 글썽이는 학생을 보며 어떤 사람은 자신을 드러내는 것을 매우 고통스러워한다는 것을 배웠습니다.

읽고 싶은 책을 장바구니에 담는 활동만으로도 독서 시간을 기다리는 학생을 보면서 뭐든 본인이 하고 싶은 일을 해야 한다는 걸 배웠습니다.

한 권을 정해서 '함께 읽기' 할 때와 자신이 원하는 책을 읽는 것은 그 온도가 너무 다릅니다. 일부 베스트셀러가 겹치긴 하지만, 대부분의 학생은 원하는 책이 모두 다르더군요. 하루에 몇 번씩 책을 바꾸기도 합니다. 책은 단순히 읽는 것뿐만 아니라, 나 자신을 알리는 하나의 도구가 되기도 합니다. 어떤 책을 좋아하는지는 자신의 취향을 드러내는 가장 강력한 방식이니까요. 수많은 책 중에 '내 것' '내 책'은 나를 알리는 수단입니다. 누구든 자신의 색깔을 드러내고 싶어 합니다. 공작새는 화려한 날개를 펼치고, 앵무새는 까칠한 입모양으로, 독수리는 높고 멀리 날며 자신의 존재감을 과시합니다.

책 한 권을 고르는데도 학생에게 선택권을 주니 그 효과는 상상을 초월했습니다. 주도성은 스스로 생각하고, 선택하고, 행동하는 힘입니다. 누군가의 지시만을 따르는 수동적인 학습이 아니라, 내가 배우고 싶은 것을 직접 기획하고 실행합니다. 내가 수업의 주인공이라 생각하면 설레나요? 아니면 피곤한가요? 주도적으로 삶을 개척하라는 말에 당황할 수도 있습니다. 준비가 덜 된 학생이라면 자율성과 책임감에 스트레스를 받습니다. 심리적 부담이 클 수밖에 없습니다. 주도적으로 삶을 걸어가는 길에는 많은 장애물이 나타납니다.

마음속에서 슬픔의 종소리가 울릴 때가 있습니다. 그 울림은 눈물로 맺혀 작은 방울로 떨어집니다. 다른 이가 볼까 봐 애써 감추다 보니 내 마음속에 구멍을 만듭니다. 그 구멍은 점점 커져 슬픔의 폭포수가 되어 버리지요. 하지만 슬픔의 결말이 불행은 아닙니다. 슬픔은 새로운 모습으로 환생하여 글을 쓰고, 다른 이에게 말을 겁니다.

타인의 시시덕거림 속에서 나만 소외된 적이 있나요? 외로움을 간직한 채 외부와 차단하고 담장을 쌓은 적이 있을 겁니다. 그 담장 속에는 나에게만 들리는 울부짖는 아우성이 일어납니다. 꼭꼭 숨어 있는 나를 아무도 발견하지 못할 때, 그 서러움을 어떻게 표출하나요?

제 존재를 인정받지 못해 서운할 때면 마음속에서 책과 영상들을 큐레이팅하며 스스로를 달래 봅니다. 내면은 다지고, 밖으로 비치는 태도나 인상도 가꾸면서 조금씩 성장하고 있습니다. 제가 슬픔과 격려를 통해 변신을 시도한 것처럼, 학생들도 버둥거리며 다양한 시도를 하고 있다는 걸 발견합니다. 그 과정에서 상처를 입고, 시간에 쫓기며, 배움의 의미를 잃기도 합니다. 그렇다고 포기하거나 주저앉지는 말았으면 좋겠습니다. 미래는 지금 내 마음이 어디로 향하고 있는가에 달려 있습니다.

마음을 따라가다 보면 촉수는 예민해지고, 실낱같은 자극도 신선한 결과로 피어날 것입니다. 슬픔의 구멍이 생겼다가도 기쁨의 아교로 붙을 것입니다. 그렇게 다져진 튼실한 내면은 도약의 힘이 될 것입니다.

마음을 다스리고, 시간을 주도하며, 배움을 놓지 않고, 미래로 걸어가고 있는 여러분의 모습이 보입니다. 인간이기에 때로는 감정에 휘둘리고, 실수도 할 것입니다. 하지만 그 과정에서 배우고 성장합니다. 마음을 다스리고 다시 일어서는 힘, 시간을 주도하며 오늘을 살아가는 힘, 배움을 포기하지 않는 태도, 이 모든 것은 인간만이 가질 수 있는 능력입니다. 잠시 멈춰 숨을 고른 뒤, 다시 한 걸음을 내디뎌 보세요. 여러분은 AI가 결코 흉내 낼 수 없는 존재입니다. 그러니 조급해하지 말고, 계속 걸어가시길 바랍니다.

AI시대, 나는 무엇으로 빛날까

펴낸날 2025년 10월 15일 1판 1쇄

지은이 최영숙
펴낸이 金永先
편집 나지원
디자인 검정글씨 민희라

펴낸곳 미디어숲
주소 경기도 고양시 덕양구 청초로 10 GL 메트로시티한강 A1-2002호
전화 (02) 323-7234
팩스 (02) 323-0253
출판등록번호 제 2-2767호

ISBN 979-11-5874-911-8(43190)

미디어숲과 함께 새로운 문화를 선도할 참신한 원고를 기다립니다.
이메일 dhhard@naver.com (원고 투고)